妻のパンチライン

@wifeisking

幻冬舎

はじめに

夫婦関係や子育てに向き合う、すべての人に。

妻のパンチライン……一体どういうことだ！　と、タイトルを見た多くの方がお思いになったことでしょう。

これは毎日の家事・子育ての中で、妻が息をするように吐き出す言葉を、夫である私が愛をこめて編集した本です。

しかし、それはラブラブ夫婦のやりとりではありません。むしろその対極にあるような耳が痛く、心が折れるようなフィードバックの連続です。パンチラインとは、ＨＩＰＨＯＰでよく使われる表現ですが、決め台詞や聴きどころという意味です。

実はこれは、コロナ禍でリモートワークになり在宅が当たり前になる中で、毎日あまりにもたくさん妻から浴びせられるパンチラインの数々に、自分一人では受け止めきれない！　という思いから、それをこっそりシェアするTwitterアカウントを開設したのが始まりでした。

実際に投稿してみると、妻の発言に対する共感が瞬く間に広がり、すぐにフォロワーが増えていきました。そしてそこに集まるコメントを読んでいて驚いたのは、「それ、私の言いたかったことだ！」という声がとても多かったことです。

つまり、妻が言語化しているのは、日本全国の妻たちが感じていることだったのです。

正直、妻から言われることは腹が立つことも多く、「せっかくやっているのに」とか「そんな言わないでよくない？」とか思っていましたし、実際によくぶつかっていました（今でもぶつかりますが）。しかし、あまりにも多くの人から共感される様子を見て、「これは自分が間違っていたんだ」と思うようになりました。

その時、妻の言葉を広く届けることが、孤独になりがちで世の中的に表面化しづらい、妻たちのリアルな想いや意見を世に出していくことにつながり、夫である男性側にとっても妻たちの視点に気づく機会になると気がつきました。

もちろん夫婦関係や家事・子育ての形に正解などなく、家族の数だけあるものだと思います。この本で描かれるものは、あくまで我が家のやりとりでしかありません。とても個人的なものです。まさか自分の結婚生活を、しかも夫としてのダメダメっぷりを、全国のみなさんに晒すことになるとは思ってもいませんでした。ですが、いやだからこそ、すごくリアルに感じてもらえるのではないかと思っています。

このパンチラインは、自分だけが浴びていてはもったいない。

これが、この本をつくった動機です。夫婦関係や家事・子育てに何かしら悩んでいる人には、きっと共感してもらえると思います。過去同じような状況に苦しんでいた人は「わかる、わかる！」となるでしょうし、家族を持つ未来に向けて予習したい人は「なるほど～！」と目を丸くするかもしれません。ぜひ生々しい妻とのやりとりを楽しんでいただければと思います。

本書は、3部構成になっています。第1部は「夫婦関係」をテーマに、関連するパンチライン（ツイート文）を取り上げながら、妻本人がその背景にあったシーンや想いを解説します。第2部は同じ構成で、「家族」をテーマに取り上げます。子育てについてもここで扱います。第3部は「妻パン相談室」という読者の方々からの質問や相談に、妻が答えるコンテンツです。

ぜひ、妻のパンチラインをお楽しみください。

目次

家族紹介

妻 美大卒。アパレルやPRを経てフリーランスとして働く。その後、3人の子育てをするため専業主婦に。風呂掃除の方法すら知らなかった6歳下の夫に「家庭は社会の縮図」と説き、男女に関係なく家事・子育てを運営視点で考えるパートナーに変貌させる。仲間内では「サルを人間にした」との異名をもつ関西人。

夫 新卒で大手企業に勤めるも組織に馴染めず1年で退社。ニート期間を経て、起業。シェアハウス住まいが長く、その常套句である「気がついた人が掃除をし、得意な人が家事をする」という、他力本願の独身世界にいたが、妻には通用せず。結婚後ぞうきんの絞り方から習う。使えない下積時代を経て、現在は先進的な夫に変身。

長女 リビングよりも公園の滞在時間が長く、家族の誰よりも地域で顔が広い野生児。3歳から野外キャンプにソロ参加。絵と刺繍を愛する、独立心強めな6歳。

長男 おしゃべりだがおっとり優しい語り口。黄色への執着が強く、お皿やスプーンに至るまで黄色で統一したいこだわり派。絵本が大好きで、時々ママをメロメロにするセリフを放つ3歳。

次男 2語文が出はじめた令和ボーイの1歳。全く伝わらなくても伝わっていると信じ込んで圧倒させる喃語《なんご》を使う。全部末っ子ということで許されてしまう、一家のアイドル的存在。

1

夫婦のパンチライン

妻「良い夫って、家事や子育てを一生懸命こなす人じゃないで。大事だけど本質じゃない。家事も子どもの面倒も、いざとなればアウトソーシングできるからね。でも妻のケアは夫にしかできひん。だから家庭における夫の最もかけがえのない仕事は、妻に寄り添い、妻の話を聞くこと。その役割から逃げたらアカン」

妻談

Twitter で私は、言語化するのがうまいと言っていただくことがありますが、実はそんなことは全然なくて。このパンチラインも、二人目の子どもが生まれて半年後くらいに、何とか伝えたいと、洗濯物を投げつけ泣きながら夫に伝えた言葉なんです。

ある夜、子どもが寝静まって、洗濯物をサッサッと畳む微かな音でさえも響く広い部屋で、ソファにポツンと座る、空っぽな自分に気がつきました。夫は家族として家事も子育ても頑張っている、手際も良くなり子どものご機嫌取りも器用にこなしているし文句があるわけじゃない。良い夫だ、感謝しなきゃいけない。頭では分かっています。でも、涙が頬をつたう。どこか心が満たされず置き去りになっているような虚しさが、夜な夜な疲れとともにやってきました。

Twitterは１４０文字で夫がうまくまとめていますが、きっとこんなに簡潔には伝えられていなかったはずです。子育て中心で、子どもと接する時間しかなかった私は、私を私として映す心の鏡がどこにもなかったんです。だから、「私はここにいる」という話を、ただ、したかったんだと思います。褒めてほしいとか、頑張りを認めてほしいとは少し違って、私を知ってる人、愛してる人に私の存在の話を聴いてもらうことで、自分の存在の輪郭を見たかったんです。恋人時代のような何の役割も関係もない私の話を、ごく普通に聴いてもらいたかったんです。

それを伝えても「何が足りないっていうの？」と返されてしまう、やや分かり合えない状況の中、必死に「なぜ夫が必要なんだ？　夫って私にとって何なんだ？」と葛藤しながら言葉を繋げた結果が、この言葉でした。

妻「夫婦って、お互い忙しいと話す時間がなくなるよね。時間がないから意見を呑み込む。意見を呑み込むと一人で考える。一人だと考えが悩みになって心が閉じる。心が閉じると生きる気力がなくなる。だから、仕事にMT（ミーティング）があるように、FT（夫婦タイム）としてカレンダーに確保しておこう」

妻談　LINEやSNSやMessengerで、24時間連絡し放題の便利な世の中になったからこそ、かえって連絡しづらくなったと感じています。これは私だけじゃないと思います。

「ねぇ今なにしてる?」なんて送るとこっちが暇なのがバレそうで、夫婦間でもなかなかできません。

「暇＝罪」のような考えも少しあって、子どもが昼寝したりちょっと自分の仕事が落ち着いたタイミングだったとしても、仕事してる人に「今晩話そうよ」って送るとこちらの余裕をアピールしているようで、積極的には提案しづらいんですよね。

ましてや、「おまえ暇なの？」って返ってこようもんなら、一気に面倒くさいやりとりになります。

子どもがいるかどうかや、忙しいかどうかに関係なく、人って余裕がないと思うんです。余裕を演出してる人、時間管理を徹底してる人はいますけど、意識しているからできることですよね。

だから私は余裕ではなく、余白を大事にしたいと思っています。

余白というのは、何にもない二人に戻る時間です。何かの確認のために話すんじゃなくて、全く無目的な会話を楽しむ余白です。

必要な会話って、返事ありきでしか成り立ちません。でも、本来会話なんて返事が的を射てなくてもよくて、自分勝手に話す時間が心地いいものです。

「さぁなに喋ろっかな」って時間、夫婦になる前には案外あって、「そういえば……」とか言って昔の先輩の話になったり、最近好きな曲の話になったり、どうでもいい話をしてたように思います。

これがＦＴには大事だと思いました。

家庭を運営していくうえで、期日までに話し合わなければならないことはたくさんあるし、年を経るごとに重い会話も増えていきます。だけど目的に沿った話ではなく、一人の大人同士として一緒にお茶を飲みながら、もしくはお酒を飲みながら、友達や恋人の時のようにお互いの話をする時間を設ければ、愛情も深まるかなと。

そこに名前がついていると「ＦＴしてなかったね、やろっか」って恥じらいなく誘えるので便利なんです。

妻「事実婚でもパートナーでも、カップルの形なんて二人が認め合っていれば十分。私が結婚の形を選んだのは、紡がれてきた命に感謝したかっただけ。いろんな時代をサバイブしてきた先人たちへのリスペクト。だから『柄』と結婚したわけじゃない。合わないのに一緒にいなきゃなんて全く意味のない関係よね」

結婚するメリットを聞く後輩に、妻が「結婚良いよ。大変そうって感じるだろうけど、たとえるなら毎日が文化祭前日なの。子どもやペットがいたら模擬店が増えて委員会は忙しくなる。本気で成功させたいから話し合ったり、方向転換したりね。文化祭当日は一生来ないけど、その日々が楽しいなんて凄くない？」

妻談　夫は、26歳で結婚と子育てを突然はじめたので、特にその展開の早さに周りがついていけず、結婚して2、3年経った頃、友人から「結婚して本当に良かった？」とよく聞かれていました。結婚は墓場だと昔は言ったけど、一番結婚しなそうな金髪のニートみたいなヤツが結婚して、友人たちはイメージの辻褄が合わない様子でした。

だから、大変だよ！　というのも、楽しいよ！　というのもなんだか無理があるように思えて、感情の心電図が似ていた場面を思い出して、文化祭にたとえました。

同じ目標に向かって二人で家庭を作り上げていく結婚生活は、一体感を生むものです。文化祭の準備でも、些細なことで衝突することがあったと思います。「この看板、赤に塗ってって言ったのに何で青にしちゃったの？」とか「放課後集まるはずなのに何で部活に行っちゃうの？」とか。家庭でもそんな風に、衝突は発生します。そんな時は、「この仲間で文化祭を成功させたい。なんとかなる！」と、仲間意識を持っておおらかに進めることが大切だったと思います。子育ても同じです。例えば子どもには個性を生かした人生を送ってほしいという共通の大きな願いがある場合、実際にそんな人と会って心が動いた経験を思い出してみるのもいいでしょう。文化祭でいうところの、先輩たちがやって盛り上がってた模擬店なんだっけ？　ですね。すると、夫婦で友人や著名人など参考にしたい人が具体的にあがります。具体的なイメージから、その人のポジティブな魅力を解析すれば、きっと二人の仲間意識もより高まっていくと思っています。

夫婦で大切にしていることは？　と聞かれ妻は、「ビジョンの共有。ただビジョンは願望でなく、アクションを積み重ねると向こうからやってくるもの。俺はＢＩＧになる！　と言って実際はパチンコ屋に並んでギャンブル漬けになってたら、永遠にＢＩＧにはなれない。小さくても前に進むアクションがあるかが大事よ」

妻談　自由に生きたいと誰しも思っていますよね。私も、思っています。大きな頂上を目指す生き方って憧れるし、応援したくなります。夢を語り発信するのは、常人にはなかなかできないことです。

夢を追う行動のことを努力なんて言ったりします。努力って、もっとやりたいもっとよくなりたいという向上心とセットの言葉で、苦痛を伴う側面はあるにしても決して苦しいだけの言葉ではないと思います。

目標を達成したいという実直さに加えて、それを達成するとどんな人に喜んでもらえるかまでの未来を想像できると、夢と人が繋がって途端に現実的になります。

夢やビジョンは、自分以外の人を幸せにするという基本的な思いやりが込められてこそ良いものになりますし、良いアクションに繋がります。パチンコで今日一発あてる、誰かのお金を当てにする、家のことに無関心で自分勝手に動く……そんなアクションに、思いやりはありません。だからビジョンを語る資格もないんです。

つまり、どんな時でもアクションには「自分以外の誰かの幸せを考えているか」という行動ルールが必要です。このルールがあるからこそ良いビジョンに繋がります。家庭でも仕事でも思いやりの気持ちこそがルールの〝元締め〟なんです。

マーケティングでは「ターゲットと競合を押さえたら勝てる」とよく言いますが、家庭におけるビジョンだって同じです。ターゲットは自分と家族です。競合はあなたの心の中にある偏見です。あなたの立てた壁だけです。ライバルは自分っていいますが、こういうことじゃないかなと思います。

さぁ、家族のビジョンについて語ってみましょう。

妻「結婚を恋愛のゴールにしたらアカン。こんなはずじゃなかったの嵐になんで。特に子どもが生まれたら関係性変わるからね。だから結婚は共同創業として捉えたほうがいい。ビジョンを共有して役割分担できるか。どっちが仕事、どっちが家事とか関係ない。そういう結婚を『Co-Founder婚』と呼びたいのよ」

妻談 Co-Founderとは「共同創業者」という意味のビジネス用語です。夫に伝わりやすい言葉を探す中で見つけました。

「Co-Founder婚」とは、結婚を会社の創業時のように捉えて、お互いのスキルや経験を擦り合わせ、経済面だけでなく感情的にも支え合って家庭運営していくパートナーシップのことを言います。特に「子育て創業期」は、どちらか一方に過度な精神的、身体的負担がかからないよう、未経験の分野であっても積極的にスキル習得を行う必要があります。〝赤ちゃん〟ではなく、〝〇〇な大人になる人〟を育てるというように、家族のビジョンを設定します。親族の協力体制や行政など、外部機関のリソース整理も生活運営の一部と捉え、移りゆく家庭環境を受け入れていきます。新しい社会の価値観は、家庭内の社会リテラシーからと言っても過言ではありません。敬意を払えるパートナーシップこそ、社会のあり方の縮図と言えます。

Co-Founder婚では「カップル間で目標を共有すること」が第一に重要。だから、よく言われるような「優しい」「誠実」「真面目」といった内面重視の条件とは異なります。

家庭を築く上では、お互いの価値観を擦り合わせる必要がありますが、育ってきた環境が違えば「当たり前」も違うもの。ただ、違いがあるからこそ、お互いに得意分野があり、広い守備範囲を補完し合えるのです。

妻「両親学級はあるけど、夫婦学級ってないよね。支え合う相手のはずが、不信感を抱く相手になる。それは出産前の関係性や、互いの育った〝当たり前〟を引きずるから。フリーランスから知らない業界で3人で会社を始めたのよ。軌道に乗せる3年間はトライアンドエラー。そのくらいの寛容さで相手を見なきゃ」

妻談

出産後、ふにゃふにゃの我が子に授乳しながらふと夫に話したことです。その後、事あるごとに思ってはボヤいていたので、晴れてTwitter に採用されたんだと思います。

出産前に、母親学級に参加しました。どんな風に陣痛が始まって生まれるか、病院の設備、万が一の応急処置や産後の肥立ちについて聞きました。夫と二人で参加した父親学級では、妊婦体験、陣痛時の手当て、赤ちゃんの抱き方や沐浴の仕方などを習いました。しかし、産後のホルモンバランスの変化による精神的な崩れやそのケアの仕方、夫婦の向き合い方など、本当に大切なことは誰からも教えてもらえませんでした。

私たちが、その情報を知ったのは『産後クライシス』（ポプラ社）という一冊の本からでした。結婚してすぐ、夫の先輩夫婦から「絶対に二人とも読んで」と言われて、それで産後の実態を知ることになったのです。今まで私は、男性に負けてたまるかと、失神するほど痛い生理痛も、ヒールによる靴擦れも、なんとか根性で乗りきってきました。でもやっぱり産むことは怖かったんです。無知がゆえに怖い想像が膨らみすぎていたと、産んでから分かりました。少し遠い世界のことのように「へぇー」と読んだ本に、後でこんなに救われるとは思いませんでした。

体は子どもを迎える準備がとても早くできてしまうけれど、親になるという意識は全然追いつかなかった。０歳から３歳の子を持つ夫婦の離婚率を見ても誰もがそうだと分かります。知るアクションは寛容さを作る大事なファクターでした。

妻「結婚の条件や離婚の理由に『互いの価値観』てあるけど、価値観の違いが悪いわけじゃないで。違う価値観に全く興味も持てないことが悪いの。自分にない考えは思考の面積を広げるチャンス。ミニマリストもマキシマムを知った人のほうがうまくできるの。違うからって別に同じ考えに揃える必要なんてないのよ」

そんなに汚れてないからと、一度着た服を棚に戻そうとした僕。その様子を見た妻が走ってきた。「ちょいちょい、あんた昨日着てうっすら汗かいてたやん。それをタンスに戻すってことはどういうことか分かってる？　汗の漬物。あんたは今タンスの中で汗の漬物つくろうとしてるんやで。ただの家庭内テロ」

妻「ポンコツな夫vs大変な妻、なんで多いと思う？ 私の仮説な。35歳ならお互い立派な大人だと思うやん。でも家事歴は15年、子育て歴は1〜2年だったりするの。とするると経験してきた妻でも中学生レベル、夫は下手したらすべて赤ちゃんよ。この前提で夫婦ははじまる。ポンコツなんていない、お互い未熟やの」

妻談 私は3人の子どもを育てていますが、それでも1歳児の育児はたった3回しかやったことがありません。だから、無知で当然という認識でいます。仕事でも、初めての挑戦でうまくいったことって採点が甘いだけだったりしますよね。初めてだからこそ緊張した状態で手探りで向き合うし、目を見張るほどのスピードで子どもは大きくなっていくので、あっという間にこちらが知識不足になりました。今思えば、ど素人二人が、あーだこーだあたふたしてるのが、子育て一年生の夫婦なんだなって思います。

しかも子どもって一人ひとり違うので、2回目でも3回目でも、予想しないことが起こるんですよね。性格ってこんなに違うのかと、まさにこちらが学ぶ状況が続きました。だから、子育ては自信が持てないのが当然で、不安な気持ちを情報収集にぶつけて、焦らず一つひとつ解消していけばいいと思っています。

我が家では年初、去年の反省と新年の抱負を語り合う夫婦会議をやっている。子どもが寝たあと真剣に。なぜこんなことをやるのか？　妻曰く「仕事の目標だけでは自分も家族も幸せになれない。仕事縛りでない素の自分の面積を知れることが大事。そのパートナーが夫婦。自己愛を上げることが本当のＱＯＬを上げるの」

妻談　一人目の子が1歳になって少し経ったお正月に初めて夫婦会議をしました。当時、会社を立ち上げて間もなかった夫は、自分の仕事ぶりやプライベートとのバランスを聞いてもらえるようなパートナーが会社におらず、ただがむしゃらになっていました。私にその聴き役が務まるかはわかりませんでしたが、子育て中に私が感じたのと似た孤独を夫から感じ、気がかりでした。

起業したはいいものの、このままだと夫自身が仕事に呑み込まれて自分の会社の社畜になってしまうと思いました。経営者としての自分と同じぐらい、人としての自分、夫や父親としての自分を大切にしてほしいと漠然と感じているうちに、このツイートの言葉が出ました。

家庭は、自分たちのニーズに対して、感情のままに動き、その結果を理屈で考えられるフィールドです。このフィールドでの経験は仕事にも大いに役立てられると思うんです。属している会社のリソースのみを使って自分に何ができるかを考えるだけでは視野は広がっていきません。しかし自分の人生の中で経験してきたこともリソースとして生かせれば、もっと世の中全体のニーズが見えてくるのではないかと思います。家庭にはその可能性があると思っています。

妻が安静を強いられている時、お弁当作りを担当した。「こんなにやっても子どもは何一つ覚えてないよな……」と言うと、妻は「私が覚えてる。あなたがしてくれたことは私の中にちゃんと残る。お弁当は食べられないけど気持ちはいただいているよ、ありがとう。パパの偉大さは、私を通して子どもに伝わるのよ」

妻談 第二子、第三子の妊娠時、切迫早産と診断され自宅での絶対安静を約半年間ずつ強いられました。切迫早産は何か兆候があるわけではなく、「はい、今日から風呂トイレ食事以外は寝てて」と医者から急に言われます。突然のことに初めは落ち込み、泣きました。

親の助けや外部機関の手も借りましたが、誰よりも大変だったのは夫でした。これまでは8：2で私が多く担っていた家事をすべて担当したうえで、仕事もしていたのですから。

特に覚えているのがこのツイートにもある長女のお弁当作り。これまで「ギリギリまで寝かせて」なんて言っていた夫が、出発する2時間ぐらい前に起きてお弁当作りをしました。初めは見ていても手際が良いとはいえず、卵を割って溶けば殻が入り指で取り出すし、ほうれん草は味がなくなるほどクタクタに茹でていました。夫にとっては、料理はおろか小さなお弁当箱の中におかずを詰めるのは相当ハードルが高かったと思います。ただこの大変な日々があったからこそ、夫婦というチームとしての自信がより大きくなりました。ちょっとかっこいいでしょ？

夫婦喧嘩で熱くなった時、妻がいきなりダウンを着て、椅子の上に立って話し出した。「言い方が怖いんじゃない。物理的なデカさが恐怖心をあおるの。あんたは私より20㎝も高いのよ。どう？　自分より20㎝高いところから、大きな図体で話されたら威圧感ない？　女性が弱いんじゃない。恐怖は条件がつくるのよ」

妻談　洗面所で私が手を洗っている時に夫が来て、入口を塞いで強めの口調で話してきたことがありました。話題は大したことではなく、「おしゃれ着をなぜ普通着と一緒に洗濯したか？」みたいな些細なことでした。でも、密室で私の後ろには洗濯機がある逃げ場のない所で、１８０㎝近い夫が、１５６㎝の私を責めている、なんだかこれだけでちょっと怖い感じがしたんです。それでふと思い出したのが、ＤＶ加害者たちが集うワークショップのドキュメンタリーでした。おもっきりＤＶをしてきた人が、すっとぼけたように「怖がらせるつもりはなかった」と言っていました。それを見て、人は自分に恐怖の条件があるということに、案外気がついていないんだと発見しました。咄嗟にわかってもらいたくて、ダウンを引っ張り出してきて肩幅を大きくして、子どもの踏み台の上に乗りました。私は１９５㎝くらいのラガーマンのような図体になり、夫を見下ろして大きな声で話しました。「あぁ確かに怖いわぁ」って洗濯物のことを忘れて感心していました。

別の日、私が包丁で人参を切りながら夫と小競り合いをしていると、キッチンに入ってきた夫が一瞬引くのを感じました。「もしかしたらその包丁を自分のほうに向けるのでは……」という恐怖だったようです。でも当然ですが、私からすると日常の動作をしているだけでそんな気は全くありません。

どんなに気をつけていたって夫婦喧嘩は起こってしまいます。でもできるだけ冷静にいるためにも、「親しき仲にも恐怖あり」をお互いに気をつけようと思います。

「それ取って〜」と妻の友達に言うと、妻から「ごめんね、ちょっとそれ取ってくれる？　ってエクスキューズを入れて。それあるかないかで一日の過ごし方が変わんねんで！」と怒られ「クッション言葉、大事ですよ！」と最近ママになった友達からも言われ、何を取ってほしかったか忘れるほど総攻撃にあった。

妻「過去の恋愛や離婚歴は、相手を知れるけど本質じゃない。その人を知るには人生をどう楽しんでるか、趣味や仕事で共感したらいい。一緒に笑う中で自然と良い面を知れる。あなたの障がいを知ったのは付き合った後。でもそんなこと、もう重要じゃなかった。楽しいが大きいと多少のことは一緒に背負えんの」

夕食時、リモート会議が長引いて、「ごめん、あと20分」と妻にLINEすると、会議後「遅れるのはいいよ。ただ時間だけ伝えるのはやめて。〝いま大事な議論だから〟とか〝最後の押しで決まりそうだから〟とか、頑張りの熱量も一言伝えてほしいのよ。そうするとこっちも、家のことは任せろって前を向けるでしょ」

妻談　小さい子がいる家庭の18時は戦場です。10分の間に起こるトラブルが10を超えるなんてこともザラ。私も、離乳食を作りながら、勉強を見て、「おしっこー！」と叫ばれてトイレに駆け込み、ブロッコリーを茹ですぎないようにトイレからキッチンに急いで戻り火の調節をしています。そんな時に「ごめん、あと20分」と何でもないことのように言われました。私も日々、夫が自分をミュートにして会議と連れションしてる姿を見ています。が、こっちもこっちで死にそうで、叫びたくなるほどの限界なんです。

アニメの最終章によく、スーパーヒーローたちが勢揃いして、主人公以外の仲間が「こっちは任せて！　あなたはラスボスのところへ!!」という正念場の戦闘シーンがありますよね。あれの〝最高の仲間〟のポジションに私はなりたいんです。言い方一つで、無理を呑めることってあるんです。

これ、長々と言い訳がましいメッセージだと逆に、それで？　ってなるので、効いた一言でいいんです。「俺もギリギリだ、君も耐えてくれ！」を醸し出してもらえれば、子どもがこぼしたお茶を拭く時の目の色も、変えられます。

妻「カップルでも夫婦でもやったらあかん争いは、勝ち負けやの。稼いだほうが勝ち？　家事したほうが勝ち？　こんなの右手と左手でジャンケンして、勝敗決めるようなもの。チームなのよ。相手の動きが悪くてもダメなとこあっても、その裏側の才能を見ないと。自分もロクでもない世界に住むことになるやろ」

妻談　私の場合、いろんなことが重なって自分の限界がきた時、絶対に生産的な話にならないと分かっていても売りたくなる喧嘩があります。それは「私のほうがやってる合戦」です。あなたは稼いでるけど、育児に休日はないし、何もしなくてもみんなお腹は減るし、部屋は散らかる一方。仕事から家庭へシーンが一つ変わるだけで実質タスク0になるってうらやましいなと、感謝も忘れて恨めしく思うことがあります。

このままエスカレートして爆発することもありますが、「あれ？　私なんでこの人のこと好きなんだっけ？」と出会ったばかりの初期の記憶にできる限り巻き戻すようにしています。ちょっと怖い言い方をすると、現状と過去を天秤にかけているんです。文句は忘れにくいんですが、良いところって日常にかき消されやすいので、素敵なところを思い出す筋トレをしています。

夫は、結婚当初アマゾンの僻地に住んでいたのかと思うぐらい家事を知らない原始人でしたが、そこそこ家事ができるビジネスパーソンならぬホームパーソンになりました。新卒で入った会社をすぐ辞めた割には、素直に妻式家事を受け入れてくれています。そんな夫を見て、「家事の知識が広がることで女性へのリスペクトが仕事にも現れはじめているかも、ムフフ」と、自分に都合よく転換してモチベーションを調整しています。

「この男の妻は（怒）」と心をかき乱される女性を一人でも出さない世の中に、私も一役買っている、そうだ、まだまだ育て合うぞ、と私のなかの天使と悪魔の喧嘩をいなしています。ですが、高確率でエスカレートすることは、今はナイショに。

妻「私は結婚を勧めるけど、離婚も思いっきり勧める。スマホの充電があと10%しかないのに大事な電話がかかってきてみ？ ヤバいな……って思うやろ。これ、スマホじゃなくてあなたが10%になってんねんで。家で充電できないと、ずっと10%のエネルギーで生きることになる。そんな時は充電できる環境に行かなきゃ」

妻談 私は、一度20代で離婚を経験しています。子どもはいませんでしたが、腹が決まるまではとても辛かったです。離婚後、埋めようのないヒリヒリとした孤独も味わいました。

私の父は、自由な発想で事業を切り開いた起業家でもあり、何を話しても面白いオヤジです。一方、こと家庭のことになると、女は浪人するな、仕事はほどほどに、離婚はするな、といわゆる普通の女の子が、普通の幸せを手に入れるための忠告をする節がありました。団塊ジュニア世代の父親の愛情として、〝普通以外は苦労する〟を教えてもらえた代わりに、「女はこうあらねば思考」が気づけば私の中にしっかり鎮座していました。そのため、離婚を「生きる選択肢の一つ」ではなく、「重い罪」だと感じ、罪を受け入れる決断はハードルが高いものでした。また、結婚に対しての私の考え方も未熟で、結婚したほうが余計な色恋なくビジネスにも突き進める、環境整備だと考えていました。今思えば、私は私の都合で結婚したかった「シングル婚（自分が好きで自分の才能をより高めるために結婚することを勝手にそう呼んでいます）」だったんだと気がつきました。最後は、結婚とは、男とは、女とは……とお互いの結婚生活への理想で相手を縛り合い、家庭におけるイニシアチブの綱引きをして、疲弊して破綻しました。

私は、話しているうちに離婚したほうが良いかなと思う人にはその背中を押すことがあります。ちゃんと相手を責めて、正しく逃げてもいいと思っています。「もう一緒にいたくない」みたいな理由でも、次に進む理由として成立していると伝えています。常識や長年の情は時にしつこく絡み付いてくるので、本当の理由なんてものは見えづらくなる。反省なんて死ぬまでにやればいいと思っています。

妻「人の気持ちを繋ぎとめる魔法はない。いつも響く愛の言葉もない。同じ人と過ごす人生を拷問にするのか、愛おしい時間にするのかは、話の聞き方で変わる。暴力の気持ちがあるとできないこと。それはうんうんと頷いて〝大好きだよ〟と言うこと。そうされるだけで自信になるの。本当はそんな単純な関係がいい」

妻談

産後、苦労して築き上げた赤ちゃんがいる生活の創業期。1年もすると赤ちゃんは、首が据わり、ハイハイをして、歩き出しました。夫も「家事は分担じゃなくゴールを目指すためのすごろく」という認識が体にだいぶ入り、「新婚モード」はいつの日にか「通常運転モード」に切り替わっていきました。

私は、最初の子が1歳になるかならないかのころ、新しいコミュニティに自分の身を置くことに必死で、新しいママ友と、赤ちゃんとお出かけできる飲食店や遊び場をググって遊びに行ったりと、「赤ちゃんと一緒にリア充です！」を地で行ってました。私としては、私が昼間楽しく過ごしていれば、こちらを心配することはないし、とお互いが楽しくやっていることが、健やかで家庭円満だと思っていました。その成果を報告するように、夫が帰ってくると「今日ね、◯◯ちゃんと横浜まで行ってね。また今度一緒に3人で行こうよ」と興奮気味に楽しい出来事を話していました。疲れて帰ってきての〝テンション高めのお出かけ話〟は、夫にとってはきっと苦痛だったと思います。だんだん「へーあーいいね、ふーん」とトーンが落ちてくるのが分かりました。興味ないの？　なんなのよ。と、こちらの気持ちも少しずつ離れていったある日、ふと気がつきました。こんな風に幸せって先細って、だんだん腹立たしい時間のほうが多くなってくるのかなと。

私も新しい環境に慣れるのに必死で、聞いてほしい話を必死にしていたけど、私のしたい話をいつも夫が聞きたいわけではないのかもしれないと反省しました。

同じ長い時間をともに過ごすなら、愛おしい時間が長いほうがいいよね、あなたのしたい話は？　と、夫に気持ちを向けるために話しかけた時の言葉でした。

交際時代から強かった妻。そこそこモテて調子に乗っていた僕は、ねぇご飯行こう？　得意料理作って？　海外住まない？　と思いつきで喋っていた。その会話に女子っぽいキラキラした目線は一切なく、すべて「なんで？」と返された。その度に己の軽口と向き合う羽目になった。すでにCo-Founder婚は始まっていた……。

妻談

私は、過去に言葉系モラハラ男に引っかかったことがありました。

モラハラって普通の恋愛以上に依存性が高くて結びつきも強い。だから傷つけられてる割に、この人がいないと私は価値がない、生きていけないと、いろんな側面から刷り込まれ続けるんです。自信を削り取られるだけでなく、生きる気力まで奪われてしまい、相手を嫌いという感覚がバグるので、おかしいと思いながらも別れることも難しい。やっとのことで別れても、自分を過小評価する癖はなかなか抜けません。

私の場合は母や親友の手を借りて、彼の他にも自分を思ってくれる人がいると信じ続けられました。本当に感謝しています。

夫と出会った頃は、まさにそんな「小さい自分」と過ごしている時でした。でも結婚して家庭を築きたいという夢はあったので、自分自身と一つの約束をしました。それは「必要以上に好かれようとする行動はしない」ということでした。別に普通のことなんですが、私にとっては難しかったのです。

この言葉は、夫とのお付き合いが始まろうとしている初期の頃の会話でのものです。今でもよく覚えています。当時26歳の夫は、お金はなさそうだけど、野望があって、何より仕事ややりたい夢を楽しそうに話す、本当にピュアで素敵な人で……。そんな勢いで私を口説いてくるのです。「ねぇご飯作ってよ」と。まだ付き合ってはいないけど、私のことも好きになってほしいし、ご飯だって作りたくなります。いやむしろ、モラハラ前なら「ご飯作ったので会おう」と誘っていたかもしれません。

でもあの約束を思い出し、好かれようとする行動はしないと決めたら、見えてきたことがありました。相手が発言した言葉にどのくらいの温度がのっているだろうかと、相手の言葉の熱量を測る体温計を持てたことでした。万人受けする「うわぁん！　すごぉい」などの上っ面の「さ・し・す・せ・そ（さ＝さすが！　し＝知らなかった！　す＝すごーい！　せ＝センス良いですね！　そ＝そうなんですか！）」を言わなくても、「なんで？」と3文字返せば相手の芯に触れられることがわかったのです。「なんで？」はすごい言葉で、自分のことを考える時も良きパートナーになる言葉ですが、恋愛相手の見せかけの素敵さや、ハリボテのような肩書きがどんどん剝がれる言葉です。いろんなシーンでの多用をおすすめします。

朝起きて寝ぼけたまま、キッチンに立つ妻を横目に通り過ぎると、妻が「ちょちょちょちょっとー！」と駆け寄ってきて「このタイミングやん。起き抜けに〝おはよ〜〟ってハグしてほしいのよ。それだけで一日がご機嫌に過ごせるんやで。たった3歩の寄り道。なにスーッとソファに一直線してんねん。やり直し笑」

交際時代、妻の部屋に泊まった。朝、洗面所で髪をセットして、何気なくワックスを置いておいたら、次の瞬間「ここのレギュレーションわからない？ そんな品のない色のダサいワックス置かないで。ここは私のお気に入りの空間なのよ」。女性の家に泊まってワックスを置いただけで怒られた衝撃は今も覚えてる。

妻談 実はこの後夫は「その感覚すごく好きだよ」と言ってくれました。私はその言葉を受け、牙を抜かれた野獣のように拍子抜けした記憶があり、今も印象に残っています。

この時の部屋は、何が何でも幸せになりたいと風水を独学で勉強して、マンションの場所にもこだわり部屋のインテリアも、一つひとつ選び抜いたデザインのものを置き、「多少不便でも気に入らないものは置かない」ぐらいの覚悟で生活をしていました。特に洗面所は、Bathroomというほうが合っているような空間で、美しい白いタイルと鏡ばりの洗面台、ガラスの浴室、とホテルライクな感じでした。

片や夫は、数人で大きな家を借りてシェアハウスで暮らしていました。毎晩のように入れ替わり立ち替わりで人が出入りしていて、「みんな何かを持ったすごい人」な雰囲気はわかったけど、私には理解し難い生活様式でした。誰かがワインをソファでこぼしても笑って許し合い、細かいことを言う人はいませんでした。

シェアハウスは、多様性を認める空間で、何かが生まれそうと思わせる図工室みたいな夢のある感じが、私にはとても素敵に映りました。

ただ、私がクリエイティブに作った空間に土足で上がられるのは許せませんでした。違う環境で生きていたからこそ、ワックス一つで叱られたことは、よほど衝撃だったと思います。

重めのミーティングがあるから今日は18時に家出るねって言うと、妻が「そうなんや、わかった。ミーティングはいいのよ。でもそれ家を出る2時間前に言うん？　自分の仕事は何よりも優先されて、私が協力してほしい時間帯については考慮はないんや。もう少し前から話してくれたら手は打てんのに。あなたが予定共有を怠ってるのに、私がそっちの〝重め〟を察して歩み寄って協力をしろっておかしない？　あなたが私の立場ならどういう心境でこれを受け入れたらいいのか提案してくれへん？　重めのミーティングの前に、甘めのスケジューリングの見直しやろ」

妻談　我が家はコロナ突入とほぼ同時に3人育児がスタートしました。リモートワークが始まってからは、夕方は夫も育児に参戦してドタバタを乗り越えてきました。これはコロナ禍において良い習慣として定着しました。夫ありきの夕方が日常なので、ご飯を作る量も献立も、そして家事分担も、当たり前のように夫を加味したものになっていました。

この日は、スーパーに行けなかった日でした。

この頃、我が家のご飯は3パターン必要でした。野菜を軟らかめに茹でて細かくカットする1歳児、硬さは大人と同じでもできあがり後少しだけ細かくカットする3歳児、大人、の3パターンです。

今晩のご飯を考える時、お味噌汁とほうれん草の胡麻和えは朝に作ってあるし、あとはトマトを食べやすく切って買ってきた豆煮を添えて、メインは肉じゃがにしようかな、と朝方か買い物へ行く夕方前に脳内シミュレーションを行います。できれば毎回すべて手作りで、美味しいできたてを提供したい。毎日はできっこないとしても目指してはいるんです。それには、効率的な家事と自分の体力が頼りになります。

私がキッチンでダンダン根菜を切って、圧力鍋がシュッシュッと鳴っている危ない時間に、1歳児の気を逸らせてくれる保安要員がいるだけで、10倍調理がスムーズに進みます。ただ、100歩譲って安全配慮が万全でないことは、まぁ仕方ない、こんな日もある、と流せます。

問題は、別です。ここで重要なのが感情に着火するファクトとして「工数の問題」があるということです。今日の夕方から世界中の夫が使える知識を今からお伝えします。

ざっくりと我が家の夕飯工数を言えば、①夕飯の献立企画、②制約時間がある中での食材調達（この間にお迎えや洗濯物の取り込み、お風呂に入れたりもする）、③子どもの要望を聞きながらの調理、④それぞれの年齢に合わせたアレンジと盛り付け、⑤食卓への配膳、⑥乳幼児の食事応援をしつつ自らも食事（途中で遊び出す、こぼすなどのアクシデントは日常茶飯事）、⑦デザートの用意（平等性が問われる隠れた難しいミッション）、⑧食事の後の片付けです。８工程のなかに、それぞれ10ほどの工数があり、括弧の中を合わせると１００は超えます。これを2時間のタイムリミットで、一人でこなします。

ミニマムでも１００の工数、多い時には１５０超えの工数、これに勉強を見るや絵本の読み聞かせ、歯ブラシの仕上げなどが入ると、18時から20時までの工数は、２５０以上はあります。

つまり、約30秒に一度なんらかのミッションに出くわす計算になります。

夕方の予定変更を早めに伝えてくれると、肉じゃがはみんなが喜ぶレトルトカレーに献立変更します。

これだけで工数は50以上減ります。ですがいつもレトルトカレーを常備しているわけではありません。だ・か・ら、甘めのスケジューリングに振り回されたくないんです。

仕事で、この工数を認識した上で平然と「すまん、よろしく！」と同僚に言われたらいかがでしょう？「お前なんて仲間じゃない、このブラックマン野郎！」とツッコミを入れたくなりませんか？

以上の分析をすっ飛ばして、夫婦間だからこその効率の良い伝え方があります。それは、ブチギレです(笑)。これが乳幼児のいる家庭の18時台で毎日起こっている内戦で、ブラックマン野郎の裏側の話なのです。SDGsとか会社で語るんなら、家庭でまずやってみろよという話なのです。

子どもたちを預けて妻とランチ。妻は「二人の心と体の足並みが揃う日に、外で会えるだけでたちまち記念日になるよね。当たり前に感謝しなさいってよく言うけど、結婚って良くも悪くも二人の関係性だけで、〝当たり前〟が揺らぐやん？　些細なことに『ありがとう』って言えるかは、今の状態の鏡なんやと思うわ」

突然、妻から電話がかかってきた。「どうしたの?!」と出ると「何もないけど」と妻。「何もないなら電話しないでよ」と返すと「何か特別なことないと電話したらあかんの？　仕事じゃないんだから。論点があって議論するばかりが会話じゃない。解決するものがなくても、ただ声を聞きたい時もあるでしょ」

妻「どう？　かわいい？　って聞かれた時に、なんて答えたらいいかわからんことあるやろ？　その時の正解教えたろか。『どう？　かわいい？　って聞いてくるとこがかわいいなぁ！』って言ってほしいの。聞くほうも実は恥ずかしいんやから。答えとしては間違いやけど、ぽわぁーんとなるやろ。これが長期的な正解」

妻談

「かわいい？」なんてあやふやなことを聞く時って、ちょっとした不安を解消したいだけなんです。例えば白を着たい気分だけど、シャツワンピにするかゆるいシャツにするか迷い、結局着なれてる白のワンピにしたとします。夫には、当日有効の「間違いなくイケてます」の承認印を押してほしいだけなんです。家庭の中ぐらい承認欲求を満たしてもいいでしょう？

ぶっちゃけ顔も体型も一切変わらないので、夫からすると「しょうもなっ」の質問をしていることは承知です。でもこっちは、当日限り有効でいいのでその判子をいただきたいんです。

ここで、「シャツはお尻が大きく見えるね」、などと販売員さながらのガチの返答をしてしまう人もいると思いますが、自分の容姿偏差値は痛いほどわかってる30・40代。もれなく思いやりの仇討ちがあなたに返って来ることでしょう。だから、これぐらいざっくりとした褒め方で大丈夫だと思います。意見を聞きたい時だったら「こっちとこっち、どっちが良いかな」など最初から具体的に聞きますから。正しさより楽しさを時には選択、これでよろしくお願いします。

夏に向けて妻がせっせと痩せるクリームを体に塗りたくっていたから「そんなクリーム効果あるの？」と半信半疑で聞いたら、妻が「男ってほんまわかってないなぁ。これだけで痩せると思って買ってる女性いーひんで。クリームの形した〝痩せる意識〟を毎日塗ってるの」。最近の化粧品は意識まで売ってるらしい。


妻談 毎年私は、ゴールデンウィーク前くらいになると焦りが出てきます。「半袖の季節が来る」と。

妊娠時期なら「ワタクシ、妊婦ですの」とお腹に手を当てて堂々と焦りを蹴散らせます。

しかし、妊娠中でもなければ産後でもない、ただの慣れ親しんだ自分の図体を見つめる時ほどシビアで辛いものはありません。

痩せてる＝素敵、ではないと私も認識していますが、体が動きやすく、自分の美意識がＯＦＦにならない体型は人それぞれあると思っています。

いきなり、「今日から走る！」とか言って挫折したことは20回くらいあります。だから、意志が米粒以下の自分もしっかりと抱きしめて生きてきました。でも、諦めない捨てられない燃えカスのような美意識に、私はしがみつきたいのです。なので、せめて美意識を忘れないことから入ろうと、食事制限でも運動でもなく、お手軽な痩せるクリームから入るのが恒例です。

でもね、たまに順調に痩せてタイミング良く「あれ？　綺麗になった？」なんて言われると、楽しく続けるモチベーションへとバージョンがアップします。にわかダイエッターでもダイエットプライドはエベレスト級ですので、ぜひ継続したくなる良い合いの手をここぞとばかりにお願いします。

テレビ見てる妻が「あの人、イケメンだわ〜」と言ってるのを、あっそと軽く流してると、妻が「いや、でもあんたくらいの顔がちょうどいいんやで。一生懸命になって、かっこいい表情とかかっこいい角度とか探してしまうから。探し続ける美学が働くの。完成よりも未完成のもののほうが愛せるでしょ？」

妻談　ＴＶのバラエティ番組を見ていると、番宣なのか、珍しい俳優さんが出ていました。現実離れしたプロポーションと目鼻立ちの美しさに思わず心の声が漏れたのがきっかけです。

夫はゴシップや芸能人の話に全く興味がないので、こちらも悪気なく夫の前で俳優を褒めまくっていました。それに対して「あっそ」なんて、いくら興味がないにしてもそのスルーはありなの？　と思っていましたが、次の瞬間気づいたのです。まさか、まさか、他の男性を褒めていることへのやきもち？　と。

ゆとり世代の夫にそんな古い概念はないだろう、でも気分は良くはないのだな、理解不能ながらに気の利いたフォローを一つ入れようと伝えたのです。

この言葉に嘘はなく、自分だけの「好きな角度」を見つけて心に保存して、また再現されないかと期待して密かに楽しむことは無意識に続けています。そしてやきもち対策として、夫への心の声は二段階ほどボリュームアップして伝えるようにしています。

素敵な店に行くんだけど、ちょうどいいパンツがないな……ユニクロのでいっかと言うと、妻が「ダッサいなぁ！　ユニクロがダサいんじゃないで。着てるあんたの思考がダサいんやで。ダサい奴は薄情やねん。会う相手や行く店のことも何も考えてない。そういう人間を薄情って言うねん。今から買いに行きなさい」

妻談　これは、目上の堅い職業の方との会食に向かう夫にかけた言葉です。先方の気遣いを無視するのは、気持ちを踏みにじっているのと一緒だと伝えたかったので、薄情呼ばわりをしました。

大学時代の友人で、合コンの時はばっちりメイクをしてくるのに、女友達との遊びではメイクをしないという子がいました。私は同性だし、「狩りの場」ではないし、別にいいんだけど、モヤモヤは残りました。きっと「あなたのことなんて眼中にありません」と宣言されているように感じていたからだと後になって気づきました。ファッションに気をつけるというのは、最低限、今日会うあなたのことを気にしているというサインになるんだと思います。

スティーブ・ジョブズの黒タートルネックにジーンズも、自分のスタイルとして確立しているから全世界から受け入れられた。型から外れる時には、覚悟とこだわりがなければすべて惰性でしかありません。TPOをわきまえることはマナーではなくルールだと思っています。

妻「リモートワーク終わりに休む間もなく子どもたちお風呂入れてくれて本当ありがとう。一個だけお願い。子どもが一段落して私が脱衣所でゆっくり着替えてる時、女性が一人いるって思ってほしい。何も見えてないみたいにガッとドアあけて歯ブラシを取りにこられると、私の〝女性時間〟が一瞬で崩壊すんの」

2

家族のパンチライン

僕「我が家って、家庭のことをよく会社にたとえて話するよね。例えば『結婚は共同創業だ』とか『子育ては20年間マネタイズできない新規事業だ』とか」

妻「あくまで比喩表現だけど、共通言語があるとわかりやすいよね。それでいうと、もう一つ私思ったことあるの。東京にきてね、資金力も言葉の影響力も含めてすごい人ってたくさんおるんやなぁって感心したの。そんな中でも、社会を変えたいから資本を調達するという人と、資本があるから社会を変えようという2種類の人がいるやろ？　前者はお金を借りるために人を説得しないといけない。手札にあるのはパッションとビジョンだけ。一見、厳しそうに見えるよね。でも30年後に残るのはどっちやと思う? 一概には言えないけど、たとえ大きな資本があってもパッションがなければ組織に活力もつくれないのよ。象徴的な人がいなくなった瞬間、崩れる組織もあるでしょ。パッションのある人はそれだけで偉大なのよ。結局ね、パッションがないとビジョンも燃え続けないの。だから価値が下がりきる前にバイアウトされたり、別のパッションを持った人にバトンが渡されたりする。それが会社経営よね。

一方で、結婚生活って人間の寿命が延びてるから30年はおろか半世紀も一緒にいても珍しくないでしょ? だからパッションを持ち続けるって会社経営よりずっと難しいと思うのよ。付き合いたてのような情熱を永遠に表現できる人なんて1%に満たない。でもね、それはできなくても二人で築いたビジョンは残るの。特に他者に対して何か役割を持ち続けたいと外向きになれることなら、一生暇せずやれることがある。特に子育ては、私はどう思うか、我が家としてどうすべきか？　の連続でしょ。だから、家の中でどんなことを大切にして過ごしたいかが問われる。ビジョンは、マイナーチェンジしながら歳を重ねるほど良い味が出るから、長期的に楽しめる。やっぱさ、結婚するなら、パッションがある人を青田買いするのが一番だと思うの。あなた何にもなかったもんねー。くちゃくちゃの金髪だった（笑）。お付き合いした中で、一番貧乏で一番権威もない人だったけど、パッションとビジョンはズバぬけてた。そして、あなたは大株主に私を迎えたから、もう大成功の大正解よ。ふふふふふっ！」

僕「なんか褒められてるのか、けなされてるのかわからんけど。ありがとう（笑）」

妻談 会社は、役職や部署があって、それぞれの役割を持つ集合体＝チームです。だから、ビジネス用語を借りて家庭内で話す際、自分も相手も何らかの役割がある前提で話が始まります。役割があれば、相手に対して尊敬する領域をもたらし、自分の意見と相手の意見に適切な距離をとることができます。

ことわざで、「親しき中にも礼儀あり」という言葉があります。礼儀というのは場をわきまえて挨拶や感謝をするということですが、その行動にともなう潜在意識に想像力が働いていると思うんです。例えば生まれて間もない赤ちゃんを育てる妻に「お前は掃除ができていない」と言う夫の指摘は、想像力もなければ論点の的も射ていないただの感情の吐き出しで、礼儀が微塵も感じられません。チームの問題で両方に責任のある状況に対して、一方的に相手ができていないことを指摘するなんて、あり得ないとさえ思います。幸い、夫はそういう「想像力0《ゼロ》夫」ではありませんでしたが、Twitterの投稿への反応を見ると、まだまだ想像力を使えない方が多いのでは？　という印象を受けました。

一緒に暮らすということは、良くも悪くも本性のさらし合いです。相性によって本性のどこの部分が引き出されるか分かりません。相性が悪い人というのは、占いのアルゴリズムではなく、自分の嫌な本性を引き出す天才で、逃げるが勝ちの悪魔です。

そんなガチンコの「素」環境だからこそ、家庭はビジネススキルだって鍛え上げられるフィールドになります。家庭では会社以上に、代替案のない否定や自分が外野にいるように話す指摘は意味がありません。自分がいつも主役です。それは相手も全く同じです。そこではジェンダーだの、どっちが稼いだだの、時間がないだのは、全く意味のない感情の吐き出しです。

なので、時間やお金などの数字で測れるものを笠に、役割を押し付け合うことはご法度。会社でも数字に追われて無理難題を押し付けられると「ブラック企業」と言われますよね。なぜか家庭のワンオペはそう言われていません。社会全体の考え方のシフトが必要な時期がまさに今だと思います。家庭も「ブラック家庭」になっていないか気をつけたいものです。

手前で崩壊するような20か年計画はただの一方通行なto doリストです。そのリストの実行のために犠牲者を増やすような、ダサくて古臭い自分にお心当たりがあれば、つまりはビジネススキルだってその程度だと言えるでしょう。

食べ終わった食器をシンクに持っていけないやつに、できるビジネスマンなどおりません。

妻「仕事ばかりしてる人に、子育ての大変さを説明するの難しいよね。たとえるなら、子育ては〝20年間マネタイズできない新規事業〟をやるようなもの。想像してみて。言語も土地もツテもないところからの開拓やで。心が折れそうじゃない？　それが子育て。ママはそういう不安と終わりなき日常を生きているのよ」

妻談 今思えば、第一子の妊娠中って、不思議なことに「無事に生まれてくること」をゴールに考えていました。

そして産後、ゴールの達成感を味わう間もなく、上手に授乳できない痛みやお尻周りに違和感を持ちながら、ヒヤヒヤとしたお世話生活に突入します。自分の隣に赤ちゃんを寝かせてニッコリなんてできるのは、根性の据わったインスタグラマーだけです。

産後2か月経っても新生児のお世話の手数は変わらないのに、家事やお腹が空く大人のことも考えないといけない。月々の食費も上手にやりくりしようとか、考えることは山のようにあります。

会社なら、マクロの視点で経営方針を考える人と、ミクロの視点で商品をどう売るか考える人がいますよね。家庭は、一日という短いスパンとはいえ、主張強めの宇宙語を話す小さい人を抱えて、運営と経営を一人で回しています。狭い部屋の中で、四六時中マクロの視点とミクロの視点が常に入り組んでいます。昨年からはコロナなど、さらに気を揉むことも出てきました。

会社経営者でもマクロとミクロの視点を切り替えながら過ごす時間は、過度なストレスと不安に晒されています。だからこそ一人で起業してリスクを背負って、マクロとミクロの視点を自分で切り替えながら切り盛りする経営者は素晴らしく、利益が出ればその付加価値として報酬も大きくなるのです。

経営者にとっては、エクセルやワードなどはあくまでツールで、会社や商品の価値を生む思考とスキルが蓄積されていくナレッジに価値があります。つまり、独自のナレッジに付加価値が付くから、ニーズが高まり利益・収入に繋がります。家庭内にマーケットはないので需要を収入に変えることはできませんが、子育てと家庭を同時進行的に運営するスキルは作業の費用換算だけではなく、膨大なナレッジも貯まっていることは明確です。

結婚した相手が、家庭を運営する意識も行動もなく、薄給に文句をたれていたら、「家庭を舐めてるから、お前は出世できないんだよ」と言いたいですし、会社経営がうまくいってるのに家庭にコミットしないお山の大将社長には、「だからお前は、金儲けでしか承認欲求満たせず次の生きる目標がなくて心の中が暇なんだよ。パンツぐらい自分で洗えよ」と突っ込みたいです。これは稼ぎに関係ありません。「家庭にコミットしないやつ全員ダサい説」を堂々と唱えていきたいと思います。

子育て楽しい？　と聞くと、妻が「楽しいよ。今大変×未来ワクワクだからね。未来の仕込みと思えれば〝方向〟が見えるから走れる。でも今大変×未来ワクワク×人間関係って、不安要素が加わると急に辛くなるもの。だから家庭にもビジョンが大切なのよ。目的地があれば困難も経路として経験値が上がるやろ？」

妻は育児本を軽く50冊は読破している。赤ちゃんの成長は可愛いだけでない人類の進化と科学が詰まっていることを、産まない僕に説いた。なぜ高い声で話すのか。なぜ母乳から始まるのか。なぜ愛情が必要なのか。夫の育児ほど労働対効果が高いものはない。無知の知は人を拡張させるから全力で向き合え、と。

妻談 結局親って、ただ「子どもができただけの大人」だと、無力感を何度も感じました。

子育てに「メリット」なんて言葉を使ってはいけないという空気がありますが、労働だと捉えたら効率が悪くて大変すぎるんです。だから「思考の作用点」を作ることで、私は少し楽になりました。この思考の作用点こそ、育児書だったんです。

なぜ赤ちゃんは何もできないのか、なぜ夜泣きをするのか、そんなこと一つとっても、自分の意見で話せるお母さんは多くありません。ママ友が、「うちの赤ちゃんが困ったちゃんで」という視点でお話しされることに共感もしますが、違和感を覚えることもありました。そんな時、困ってそうだからと育児書から学んだエビデンスをシェアすると「へぇ〜」と感心されることが多かったです。

私は、子育てを会社経営にたとえるくらいなので、自分の労働対効率は良くしたいと考えています。あえて悪く言えば面倒臭がりなんです。育児と面倒は対極にある言葉ですが、この感覚は両立すると思っています。

育児書を読まない方は、何か大きな自然に対峙している冒険家のようだと思ってしまいます。なんでわざわざそんな茨の道を歩くんだろう。目の前の赤ちゃんだけのデータや勘に頼ると非効率ですし、赤ちゃんに責任を押し付けているみたいです。

いろんな子がいる、いろんな成長の仕方がある、ということを科学的根拠を持って知っていれば、赤ちゃんも母親も冒険しなくて良いことが沢山あると思います。

単純に、「子どもができただけの大人」なんだから夫婦でちゃんと育児は勉強しようぜ！

知識は探究心となり、赤ちゃんの観察も10倍楽しくしてくれます。地域でもそういう勉強会が増えることを願っています。

家事・育児に参加しない夫ってどんな心境やと思う？　と聞くと、妻が「幽霊部員みたいなもんやな。好きな先輩に誘われて部活入ったけど、文句言いながらやる姿を見て『おもんないの？　やり方よう知らんし、今更抜けるの無理やし、まぁ部費払ってるからええやろ』て。この部員が暴力したら即退部か解散よね」

妻談　この投稿で私が言いたかったことって、実は妻側の態度こそ夫を幽霊部員から部長クラスに昇格させる鍵をもっている、顧問の先生級の引率力があるということです。

男性に限らず、家事が上手くなりたいと思うタイミングは2回あると思っていて、1回目は同棲のタイミング、2回目は子どもが生まれるタイミングです。一人暮らしは案外どうとでもなるし、雑になりがちなので入れませんでした。我が家の場合、ほぼ同時期にこの二つのタイミングが来ました。

いわゆる授かり婚なので、安定期に入って正式に二人の新居へ引っ越して、同棲生活に突入しました。お腹の大きな私は、気持ち悪い日があったり仕事でいっぱいいっぱいになることもあり、あーして、こーしてと口で夫を動かすことも多かったと思います。

私にやんや言われながらも、夫は新しいことにチャレンジをした後にもらえる「ありがとう」が爽快そうだったし、やってみたら家事は何をとっても面倒くさいの連続だということを体感していました。

夫の家事偏差値は低かったのですが、苦手意識さえ取り除いていけば抵抗感はなさそう。だからこそこの時期にノウハウ以上に刷り込んだポイントを共有させてください（余談ですが、これから結婚する人は、これ大事です！　家事偏差値がなぜ低いか分かることが、新婚期における夫の英才教育には重要です）。

それは、「できる男はカッコイイ。できるように努力する男はもっとカッコイイ」ということ。これを言葉の端々にちりばめました。案外こんなことは、20歳を越えると言われないもので、忘れています。

もちろん、感謝するだけでも喜んでもらえると思いますが、「カッコイイ！」って「〝今〟より〝上〟にあなた、階段上がってますよ！」と言われているのと同じなので、どんな人もモチベーションが上がると思うんです。まずこちらが目を輝かせて惚れ惚れと伝えて、新しいあなたの価値を見つけた！　と心から感心することがポイントだと思いました。

家事って大変だな、家事をしてくれる人って有り難いなと感謝もやる気も湧いてくる時期を逃さず、レートの低い夫株に種まきをして、どんどん自分でレートを上げて育てていこうと、現在も目論んでいます。

口喧嘩の中で「俺家庭にコミットしてるやん」と言うと、妻が「コミット？　確かに毎日、朝夕合わせて4時間はいてくれてる。片目にスマホ1時間、トイレ20分、身支度10分はコミット外としたら実質2時間半よ。『いる』と『コミット』は違うで。バイトやったらタイムカード切ってな！　て言われるやつやで」

自分が子育て向いてるかわからなくて……と言う後輩に、妻は「私も子育てうまくできないし余裕もないし、子どもに辛く当たることで自分も辛くなる。でも子育ては好き。こんな下手で良い母親でもないけど、空っぽになってても活力が湧いてくるの。どんなに凹んでもやったろって思えんのが天職なんちゃうかな」

妻談　娘が３歳になりたての頃、自転車に乗りたがる時期がありました。私が幼い頃は小一くらいで親と練習して乗れたという記憶があったので、３歳はまだサドルのない、蹴ってこぐ二輪車で十分だと思っていました。でも、今思えばそれは私の勝手な思い込みでした。本人がやりたい日が「チャレンジ吉日」で、そんな時の子どもの耳に、人のものだから、順番だから、危ないからといった注意が入らないことも、わかっていませんでした。

ある日、お友達がピカピカの自転車に乗って公園へ来ました。自転車に乗りたい娘はその子に「貸して」と言いましたが、買ってもらったばかりなので貸してはくれません。何度も断られた娘はついに、自転車を支えていた友達の手首を噛んでしまいました。私は驚いて、娘の頭を叩きました。

娘は、自転車を貸してもらえなかったことが悔しかったのか、私が叩いたことにも気づいていませんでした。その場から離れて「貸してほしかったね、でもお友達の大切なものだったよね」と冷静になだめた後、「ママも叩いてごめんね、びっくりさせたね」と言うと、安心したのか、娘は急に泣き出しました。

素直で純粋だからこそ、子どもには野性的な面があります。そんな野性的な面を目の当たりにすると、親も混乱して手が出てしまうことがあります。自分の好きじゃない部分に向き合うのも、また子育てなんだと気づいた一件でした。天職の解釈はいろいろとあると思いますが、私が思うのは、いろんな悩みを抱えながらも「やっぱり頑張ろう」って自分を許して頑張れるかどうかです。スキルや才能だけでなく、許しや愛情で包み込む天職があってもいいんじゃないかな。

妻「赤ちゃんって生まれつき社交性がプログラムされてるんやで。なんと笑顔認証付き！　笑ってる姿を見ると幸せが小さな体一杯に充満するの。でも赤ちゃんは語彙が少ないからそこは大人が手伝う必要がある。簡単よ、目が合う度に〝好き〟と言えばいい。それだけでその子はきっと素晴らしい才能に恵まれる」

妻談

たくさんの育児書を読みましたが、どの本にも共通していることがあります。それは「あなたはそれでいい、愛してる、と伝えましょう」ということです。

考えてみれば、赤ちゃんは地球の新入社員。知識もスキルもない新入社員のころを思い出すと、「私ってここにいて良いんだっけ？」という不安があったと思うんです。赤ちゃんはさらに、目もよく見えない、不安を伝える方法もない、ろくに体も動かせない。そんなの、不安に決まっていますよね。泣くしかないですよね。だからこそ、大好きだよという愛情表現をすることが大事なのです。赤ちゃんはそれぞれ、最高の個性を持つ天才です。その才能を伸ばすことが育てる人の役目だと思っています。

誰しも、死にたいと思うことがあるかもしれません。そんな時、自分が赤ちゃんだったことを思い出してほしいんです。「死にたい」なんて複雑なことを考えられるぐらいあなたは成長したし、一人じゃなかった。それを自信にしてほしいんです。実は出産は、死ぬほど痛いと言われる母親よりも、赤ちゃんのほうがずっと痛いと言われています。そんな痛みを抱えて生まれてきた赤ちゃんは、それだけで尊敬できます。

妻は3歳までは叱らない。わがままも受け入れる。子どものお願いを〝今忙しい〟と断ると睨みが飛んでくる。「子育てって何が一番身につくと思う？　忍耐力やの。3歳までは宇宙のビッグバンと同じで世界の広さを体感する時期。忍耐力は鏡。あなたの小さな忍耐力は子どもを小さな世界に住まわせることになるのよ」

妻談

3歳までは世界の広さを体感する時期だと私は思います。

自分を中心に世界が回っているということを感じさせてあげるのが保護者の役目。人生ってこんなに楽しいんだ！　と実感するために、いろいろな経験をしたらいいんです。それはコップの水をこぼしたり、粘土や工作まで様々。現にうちの末っ子は3か月間、毎日水をこぼしていました。コップの水をこぼすことだって、自分のやりたいことを思い通りにできていることですからね。

ただ、これは野放しに甘やかすこととは違います。私は伝えたいことの7割は行動や態度で、3割を言葉で伝えるように意識しています。例えば水をこぼした時は、「こぼれちゃったね」と言いながら淡々と片付ける。そうすれば子どもながらに「あ、これは楽しくない」と気づきます。叱るのではなく、淡々とリアクションをしないほうが子どもの好奇心を刺激しません。

3歳の子が好き勝手にやるといっても、今はたかが知れています。しかし、3歳までに培った物の善悪の感覚は、親の手から離れた時に大きな影響を持ちます。だからこそ、3歳までは好奇心の赴くままに好きなようにさせればいいと思っています。

子育てで辛いことは何ですか？　と質問する後輩に、妻は「一人目の子育てでしんどかったんは、授乳でもお世話でもないの。それもしんどかったけど、人から聞いてたし予想はできてた。一番のストレスは、思考を分断され続けること。それまで1時間じっくり想いを巡らせて自分なりの問いと解を出せたのに、産んでからはそんな時間はなくなったよね。赤ちゃんが起きてるうちは何かと目が離せないし、寝ててもいつ起きるかとヒヤヒヤ。常に洗濯や次のご飯の献立考えたり、to doをこなすのに必死だった。でもね、これは最高の修業になったの。今では『キングダム』の羌瘣《きょうかい》のように10分で深い思考にたどり着ける。だから私、思うのよ。働くママの中には、本能的なスピードで、その状況のベスト解にたどり着ける人、結構

いるんじゃないかなって。それってすごい情報処理能力じゃない？　ただ、日本社会の側にその才能を生かせる土壌がないのがもったいないよね」

妻談

産後1年くらいまでで一番辛かったのは、思考を整理する時間がなくなったことでした。結婚記念日だから夫とデートに行きたいとか、子どものハーフバースデーだから何かしたいとか、いろんなことを検討してじっくり計画したいのに、考えられないんです。やりたい方向性は決まったから、後はお店を調べて予約の空きも聞こっかなと思った矢先に「おんぎゃー」なんですもん。えー、ここで!?　となります。何度かそれを繰り返しているうちにヤル気も失って、スマートに夫に提案しようと思っていた意欲もどこへやら。次々とタスクが降りかかってくる中、腰を据えて何かを考えることなんて到底無理なんです。

子育てをしていると思考が分断されまくるので、ちょっとした事務作業が憂鬱になったり、社会と接点があった時よりも自分が劣化してしまったという謎の不安に陥ったこともありました。ほんの少しの失敗をひっぱりだして落ち込んでしまうんです。

でも劣化しているなんて絶対にない！　と今なら言えます。だって人を一人育てているんですから。これまでのフィールドとは違いますが、バリバリ活躍しているんです。

子どもを産んで育てるって、起業する経験に近いことだと思います。一人の子どものためだけに特別な対応をすることは代えがたい体験だと思いますし、それを成し遂げたことが何よりもすごいことなんです。一つひとつに達成感を感じてほしいと新米ママさんに言いたいです。

日本の現状ではそんな子育てをする人のすごさを社会に還元する方法がなかなか見つかっていませんが、これを社会に生かすことができたら、女性の立場が必ず変わると思っています。

良い母親になりたいという後輩に、妻は「子どもを産むと8割の時間はダメな母親として生きる。本当にこれでいいのか、どこかで間違ったか、自分に厳しくなる。子育てに未来予想図はない。でも経験者は一人じゃない。自分の子育てを聞かれて怒る人はいない。皆喜んで話すわ。素敵なママをナンパしましょ」

妻「ママにとって〝睡眠へ一人時間〟。寝ろよって夫の優しさもわかる。でもな、アスリートも気持ち作る時間が集中を高めるやろ。子どものくしゃみ一つで、冷えた？　寒い？　風邪うつったかな？　食べ物悪かった？　今夜早く寝かせよ。って最低五つのことを同時に頭に浮かべて処理するの。だから緩める時間が必要なの」

妻談　実家から戻ってきた産後2か月目、赤ちゃんの微かな寝息と自分がたてる家事の音しかしない静かな日々が始まりました。寂しさ紛れに小音量でテレビをつけて、まだ話せない我が子にちょっと気を遣いながら、赤ちゃんが主語の時間を過ごします。

赤ちゃんが泣いた、赤ちゃんのお腹が空いた、赤ちゃんのおむつが汚れた……。自分ではない他人の人生を歩んでいる感覚で、無償の愛のハードルの高さを思い知りました。

赤ちゃんのしゃっくり一つとっても、心配して対処して、頭の中はタスクだらけ。無事に育てなければとプレッシャーに押しつぶされそうになりながら一日を過ごしていました。

だからこそ、子どもが寝た後にだけ解放された時間を持つことができる。深夜、不安を抱えながらも「私は今日もやりきった」と、自分が主語になって一日を締めくくれる時間は貴重です。眠っている間しか自分を取り戻せないとしたら、それはもう、自分の人生を歩いていないのと同じです。体を休める時間と同じぐらい、自分を主語にする時間が大切だと思います。

考え事する妻にどうしたの？　って聞くと「保育園の園長先生に言われたの。『この時期の愛情は取り戻せない。本当はお母さんといるべきよ。この時期を後から取り戻そうと思うと何年もかかるから。だから私たち保育士がお母さんの代わりにみんなで愛情を注ぐの』って。保育士さんの誇りが見えて感動したの」

妻談　この園長先生、小柄で可愛らしくて、すごく優しい言葉遣いをする方なんです。だからすっごく深い言葉だけど、するりと心に入ってくる。この言葉も、当たり前のことを話すようにお話しくださいました。

　1歳の次男は保育園から帰る時、必ず職員室で園長先生に挨拶をします。夕方の忙しい時間なので会議や来客の対応をされているのですが、先生は必ず子どもの目を見て「あら、来たの？」とにっこり話してくれます。その笑顔が見たいからか、子どもが自ら挨拶に行くようになりました。この対応は以前ビジネスの講演会で聞いた、小さなインナーコミュニケーションを大切にすると社内全体のコミュニケーションが円滑になるという話に通じると感じました。心理的に、大人も子どもも安心する空間の中で自分を承認できるからこそ、チームとしてパフォーマンスが出せると思います。

母親という枠で考えてルールや安全性を意識すると、子どもの行動を制限する言葉が増えがちです。子どもは危ない場所には行きたいもの、汚れる泥には触れたいもの。そんな好奇心の気持ちを汲めば、どんな泥汚れも落ちる洗剤を探したり、雨の後には汚れても良いおさがりを着せたりと、別のアイデアが生まれてくるものです。家族が好奇心を発揮できるような装置になっているかという視点を持てれば、いわゆる母親像に縛られなくなるでしょう。

先週、３歳長男は「やったらいけないよ」の１秒後にヘラヘラと同じことをして周囲を困らせた。妻は「これはサインよ。先週あなたが忙しくて、〝側にいるコミュニケーション〟がほぼなかったやろ？一人遊びが上手でも関係ない。仕事も側に存在を感じながら仕事するのと、完全に一人だけでは勇気が違うやろ」

朝から子どもに「早く食べて。早く着替えて」と注意してると、妻が「私も油断すると言っちゃうけど、早くって考えなくなるのよ。我が家では〝イメージの刺激〟を声かけしよ。早く出たら何ができる？　どんな良いことある？　って未来へ目線を膨らませる言葉。自分に何が良いかを選ぶのは、想像力が作るから」

僕「人生の成功ってなんだと思う？」妻「わからん。でもどう育てたいかはあるよ。〝生きる知恵が働く人〟。もしも将来、人と会うのが嫌になって社会不適合者と呼ばれても、自分の良い箇所を生かして家の中から学んで働けばいい。立派だけが自立じゃない。知恵を絞って生きることが成功なんちゃう？」

妻談 子どものころ、会社経営をしている父から叱られる時、「こんなこと、会社やったら通用しない」とよく言われました。会社に入ったことはないけど、学生より厳しい世界があるんだと想像して、逆に通用する人間っているんだろうかと考えるようになりました。抽象的な叱り方のおかげで、自分で答えを探すという思考回路が鍛えられたのです。

中でも、「人生は看板を立てたやつが強い」という言葉は印象深い一言です。

看板とは、どれほどのネームバリューが自分にあるのかという比喩表現のことでした。父曰く、一枚看板は、いわゆる名前だけで何をしているかわかる人で、著名な芸能人や政治家、国民的なスターと言われている人です。二枚看板は、会社社長や都道府県知事など、著名な組織のトップの人。三枚看板は、〇〇社の△△部の□□さんというような大企業でお勤めの人です。

「一枚看板は、国民的認知度がなければなれないにしても、二枚看板は誰でもチャンスがある。自分で発明や開拓をすれば、全員にチャンスがある。人と比べる前にオンリーワンを磨け」と教わりました。

好奇心のまま行動・経験することでオリジナリティが育まれ、そこに発明や発見があり、仲間が集まって発信したいことに繋がっていくと思います。競争心は大事ですが、競争心だけではアイデンティティは生まれません。学力至上主義ではこれからの時代は渡れない。私もそう肝に銘じています。

妻「夫婦に立役者だけの係はない。二人とも人生の主役で、誰かの立役者。片方だけで生きてる人間でうまくいった人はいない。人の意見に影響されることも主役だからやれるの。何の影響も感化もされない人生はドラマでも通り一遍の脇役よ。◯◯だからは幻想。私は私を彩る洋服がいる。あぁ、伊勢丹に行きたい」

妻談 ママ友から「器用でいいね」と褒められたことがありました。でも自分に何ができるか考え直してみたら、10年やったのにピアノは「猫ふんじゃった」レベル、バトントワリングも習っていたけど今はなにも回せない、習字も段持ちだけど癖字です。だから、器用でなく器用貧乏なんです。

でも、主婦って器用貧乏が輝ける場面がたくさんあると思いました。何かに秀でるのではなく、全部そこそこできるから、主婦力って高くなるんだなと。だって、日々の料理にレストランみたいな完成度は必要ないですし、子どものためのお絵かきが芸術品である必要はないですから。プロではなく、広い視野を持っているからこそ、予期しないことが起きても臨機応変に対応できると思います。

そもそも日本の教育は全体の底上げをすることに向いているので「何でもそこそこできる」という人を育てます。この状況が「自分は何もできない」という勘違いを生んでしまうのですが、この「そこそこできる」が子育てにおいては重要だと思いました。教師や心理学者だからうまく子育てができるとは限りませんよね。知識と咄嗟に対応できる度胸って違うと思うんです。子育てというのは誰にとっても未知数だからこそ「しょせんそこそこの出来の自分が育てているんだから完璧になるはずがない」という余白があるほうが、親も子ものびのびできると思います。

ジャンルやスキルにグラデーションのある「そこそこ得意」から生まれる独自の子育てを、周囲の方と一緒に楽しみたいと思います。

〝出産費用ゼロを目指す〟という政治ニュースを見て、妻は「それも大事なんやけど、〝産んで良かった〟と思うのは3回あると思うのよ。1．生まれた瞬間、2．すくすくと育つ瞬間、3．自分の手から離れる瞬間。二つ目三つ目こそ支援が足りないし、そこが不安だから少子化になるの。〝すくすく〟ってとこがミソなのねぇ～」

妻談　起業時の登記費用をゼロにすることよりも、長く続けていくための支援を求める人が多いでしょう？　子育ても同じように考えられると思います。

出産費用ゼロが叶えば喜ばしいことではありますが、そればかりを声高らかに言う風潮を疑問に感じます。それよりも、子どもをすくすくと育てるための政策を打ち出してくれたら、子育てが国を挙げた重要プロジェクトになります。そうすれば、もっと前向きに子どもを産みたくなると思うんです。

私もキャリア志向だったので、出産よりも働いてキャリアアップし続けるほうがアクティブな人生を送れると思っていました。だから自信をもって子どもを産むためには、まず仕事の経験を積めるだけ積んで、産後も社会に求められる自分を準備する必要があると思っていました。

そんな風に考えていたころ、妊娠は望めば叶うものだと過信していたし、出産はいつだってできるものだと思っていました。実際に妊娠・出産・子育てを経て、切迫早産や産後の回復の遅さを経験しましたし、高齢出産した友人で何のトラブルもなく出産したという人のほうが少ないように感じます。産んだからこそ無知だったことに気づけました。

もし、出産後に女性の未来がより広がるような国の施策があれば、産み育てることに関しての前提が変わるのではないでしょうか。

例えば「30歳までに出産した女性は、学費・保育費無料で大学・大学院に通えます」という政策が打ち出されたら、母になってからも新たなキャリアを探ることができます。若年婚やシングルマザーになってからでも、将来を描きやすい社会なら、産後の女性の選択肢が増え、貧困からも守ることができます。

そもそも女性が「いつ産んだらいいんだろう」と考えること自体、ネガティブな悩みだと思います。子育てのために3年仕事を離れた場合、復帰直後に元のキャリアに戻ることはほぼ不可能。そうすると子育てを頑張った3年間が無になったようで、私は悔しいんです。将来、日本に税金を支払い、国を継続させる担い手になる赤ちゃんを生み出した人は感謝されるべき人なのに、実際は肩身が狭い。これは完全に歪んだ構図です。

大学を出たら就職するのと同じように、出産することもためらいなく、前向きに選択できる。そんな日が来ることを願っています。

妻「あなた、ずっと前に私の考えを人に話そうとした時に、『自分のしてきた仕事より私のしてきた仕事は小さい』って言ったの覚えてる？　っていうか今でもそう思ってるんちゃう？　母や妻というフィールドでは私を認める一方、自分と同じ仕事上の話になると見下す。あなたのなかにも森喜朗がいるのよ！」

主婦ってほんと大変だよね。コロナ禍で改めて気づいたわ……と言うと、妻が「妻ってね、特殊技能を持ってないとあかんの。すべての欲求に蓋をして家事や育児を忍耐でやる。仕事と違って目標も目に見える成果もなく、慈悲の気持ちだけでやる。すごいよね。でもこれが今の妻で主婦の大多数なのよ。みんな同じようにできると思う？　女性にも個性がある。バンドにパートがあるように、家事の中でも好きなパートがある。すべて完璧にできる人は、特殊技能を持った天才やの。男性が束になって大きな同調圧力でその形に押し込んできただけ。女性は筋肉量こそ男性と違うけど弱い存在じゃないの。意見があんの。女性も開放的になる目を持たないと間違った形を受け入れることになる。これから結婚する人は、社会の偏見や希

望を目の前の最小単位から話し合えるかやってみたらいい。できる、できないでなく、聞く耳を持つか持たないか。これは学歴も育ちも出会い方も関係ない、その人自身が意識で変えられること」

妻談 子どもを育てるために仕方なく主婦になる、のではなく、子育てに積極的に関与したいからこそ主婦を選ぶ、という生き方がもっと認知されてもいいのでは？　と思います。

リモートワークのお陰で、夢の3秒出社が実現しました。朝のルーティンにも慣れ、夫は保育園の準備、私は朝ご飯の用意と家庭の中を効率的に回すパートが定着してきたからこそ、子どもたちの「絵本読んでー。線路作って」という急な要望が降って来た時に〝どちらが請け負うか問題〟は毎日のように起きます。私が「今トマトを洗って手が濡れているから、あなたお願い」と言うと、夫からは「保育園の連絡帳書いてるから無理だよ」と言われてしまいます。「手が濡れてないからすぐにできるよね？」というように、油断すると、持ちつ持たれつの助け合いから、押しつけ合いになることもしばしばです。

これって潜在的に、「あなたの仕事のほうが私より軽い」と比較して出てしまった「油断語」だと思ったんです。稼いでいるマウントをして妻に負い目を感じさせる大黒柱ハラスメント。アレと同じように私も、家庭内の仕事の重みを比較してやろうとしてた、と反省しました。

家庭は最小単位の社会なので、私も自戒を込めて書くと、家庭の中の意識や態度は、一歩外に出た時の社会に対しての背中を作ると思っています。自分に嘘のない態度こそ、その人の等身大が出てしまう。それが家庭であり、自分を知るチャンスも沢山あると思います。家庭の中まで緊張状態で過ごせと言ってるわけではなくて、過不足ない自分をパートナーと二人で確認できる〝場〟だととらえれば、自分の固定観念の顕在化に成功すると思うんです。私がただの主婦から本を出版できたように、これからの社会を変えるためのエッセンスは、どの立場からでも提案できます。これからは半端主婦として「内助の功」ではなく「内助の公」という積極性を持ち続けることを意識していこうと心に決めています。

近所の公園だし、と思って部屋着みたいな格好で行こうとしたら、妻が「あんた、それ嫌がらせやで？　公園は私や子どもにとって毎日通うオフィス。自分のオフィスにそんな汚い格好で来られたらどう思う？　嫌やろ？　なんで自分の仕事じゃなくなった途端、想像力がゼロになるの。すべての場所は誰かの職場よ」

妻「お互いに敬意を持ち、心から支え合ってる関係は天然記念物よ。存在するだけで周りを幸せにする。子どもは両親が仲良しだと自信を持って自立する。大人も仲良しの夫婦を見ると人生が前向きになる。時には病気や障がいも超えていく。カップルは最小でありながら最強のチーム。私たちも仲良しでいよう」

妻談

夫婦仲が良いことの価値は、社会的に軽く見積もられていると思います。

はじめの子が1歳8か月になった時、フリーランスとして社会復帰をしたことがありました。一時保育を利用して子どもを預けて、仕事時間にあてました。家庭と育児に軸足を置きたいと考えていましたが、いざ仕事がはじまると調整しなければならないことも多く、思うように進まないことだらけでした。余裕がなくなると夫婦でもコミュニケーションが雑になり、家庭のことを仕事の邪魔をする面倒事とすら思ってしまうこともありました。時間はあるけど気力が残っていなくて、夕飯にコロッケと惣菜を買って帰ることも多かったです。

「家事って自分じゃなくてもできる地味な作業だし、達成感も感じにくくて切り換えてモチベーションを上げてするほどの大役でもない。誰かが自分の代わりにやってくれるなら関わりたくない。だって家事って得ないやん」。そんな自分の本音が突き刺さったお陰で、初めて夫の目線が見えてきました。短時間労働するだけでこんなに面倒に感じてるのに、一日中働いている夫は本当に良くやってるなと感心すらしました。そうか、主婦として私のやらなければいけないことは、夫の面倒くさいことだったんだなって発見したのは、社会復帰以上の資産です。

家事は夫婦でやって当たり前でしょってノリは、自分の靴下を洗濯カゴに入れるのすら面倒くさい人に、伝わるわけがありません。それを前提にすると、頼み方も変わります。相手を労っての「ありがとう、あなたがいると本当に助かる。疲れてるのにこんなにしてくれて嬉しい」という感謝の言葉が、何か頼む時のセットになりました。

運動会を控えて緊張する娘に、妻が「緊張するよな。ただそのプレッシャーを超えられるのは努力だけやで。やりきった、もうこれ以上できない。という確かな努力の蓄積が、どんな空気にものまれない自信になるの。決して人と比べないで」と助言してるのを聞いて、なぜかこっちまで背筋が伸びる我が家の朝。

妻談 子どもだましの助言をすることだってできますが、子どもはこちらの熱量に敏感。だから言葉の意味を理解させるというよりも、熱意を伝えたかったんです。この長女への助言、５歳にとっては結構難しいことを言っているので、もしかしたら内容は30％も伝わっていないかもしれません。毎回ではないにしても、子どもって驚異的な記憶力があるので、疑問に思ったことを頭の片隅に残しておいてくれるんです。

私も幼いころ、夕飯の後片付けの時、注意されてから片付けようと思っていたことを母に見透かされて

「指示待ち症候群になったらあかん」とよく言われました。初めは意味がよくわからなかったけれど、成長とともにどんな場所でも積極的に関わろうとする今の姿勢に繋がってると感じます。

今は理解できなくても、こんなシチュエーションでお母さんはこんなことを言っていたなという記憶があれば、大きくなってから同じようなことに直面した時、自然と言葉の解像度が上がっていき自分のものになると思います。

一つの言葉も、成長とともに意味が変わる。子どもの隣にいると、そんな追体験ができるから面白いです。

妻「子どもの作品を見る時は、吉本新喜劇の舞台に上がったと思って。イスから転げ落ちる、のけぞって〝えー！〟と驚く。褒めなくていい、驚けばいいの。言葉って高度なのよ。もっと原始的に五感に響くようコミュニケーションとればええの。大人も初対面で、出身地聞いて驚くだけで親近感もってもらえんで」

長男３歳がオムツの上にパンツをはきたいと言い出した。意味あんの？　と呟く僕に、妻は「これがファッションリーダーの元になるんや。トイトレ終わりの友達がパンツをスルッと隣ではく、コンプレックスを抱く。これがいいのよ、次の機会は逃さないって思うのよ。これは競争じゃないトレンドの始まりよ」

ママ、髪を紫色にしたい！　と娘が言うので、夏限定で本物のエクステを娘につけた妻。そんな高いのやる必要ある？　と聞くと「4歳だからって本物じゃなくていい理由ある？　偽物だと中途半端な経験にしかならないよ。おかしなことをするにも振り切るのが大事。本物でやるから自分の中にも〝程度〟が残っていくんやから」

妻談　本物に触れる権利は子どもにだってあるのに、親がそれを奪ってはいけないと思います。

私は普段子どもから何か提案があったら、どんなに不可能なことでも間髪を容《い》れずに「いいね、やってみようか」から始めるようにしています。これは夫婦で決めた鉄則です。

この「髪を紫にしたい」も「アニメに紫色の女の子が出てきてオシャレだったから」という子どもらしい単純な発想でした。親が〝常識はずれの馬鹿〟とご近所の方から思われる可能性はあるにしても、チャンスだと思いました。アニメの中では、いろんな色の髪が生えている設定は多いのに、美容室に缶詰にされてブリーチの痛みに耐える生々しいシーンなどありません。さすがに4歳にブリーチは危険なので、夏休みの1か月間限定でエクステをつけることに。実際にやってみると、髪の色見本から自分好みの紫を選択して、染めて、付けて……と時間がかかるし、数日経つと毛が抜けるし傷むし、良いことばかりではないことが子どもながらにわかったようです。メリットもデメリットも経験して今後のセルフプロデュースに生かしてくれるなら、私は安い投資だと思いました。

1歳の息子が保育園で4枚もよだれかけを替えてきたのを見て、僕が「凄くない？　別に1、2枚で済ませられるのに、こんなにこまめに替えてくれるなんて」と言うと、妻が「私、今すごく感動したわ。これまで誰かの気遣いに無神経だったあなたが、気づいて感謝できるようになったなんて。子育てに育てられたね」

妻談

夫はこれまで、「周りをどう巻き込むか」という視点で生きてきました。これはビジネスを起こすためには必要なスキルなのですが、動かされる側がどんな気持ちで自分と接しているのかは、あまり見えていませんでした。

産後5か月経ったある日、見た目だけでも〝産後感〟をなくしたいと美容室に行くことに。夫一人に預けて大丈夫だろうか、授乳のタイミングがずれたら、私が帰るまで持たずに赤ちゃんはギャン泣きして、夫は立ち往生してしまう。考えれば考えるほど不安しかありませんでした。それでも夫は、「いいよ、行ってきなよ。俺が見てるから」と私のリフレッシュを優先してくれました。

美容室では、スマホの画面をチラチラ確認しながら「早く終わってー！」と心の中でずっと叫び続け、ようやく最後のドライヤーに差し掛かった時、ピコンと魔の通知が来ました。嫌な予感は的中。開けてみると「今どんな感じ？　泣き止まない。もう30分泣いてる」というメッセージが。その瞬間、美容師さんに「セットとかしなくていいので乾いたらすぐに出られるように会計をお願いします」とハッキリ伝えていました。

慌てて明治通り沿いを走り明治神宮前駅に向かっていると、ぐちゃぐちゃの金髪にボロボロのTシャツと短パンをはいて、抱っこ紐で赤ちゃんを抱く不審者が目に飛び込んできました。それは残念ながらうちの夫でした。煌びやかな明治通りとはかけ離れたズタズタの戦士がそこにいました。

なぜか私が涙目になりながら「あぁ、ありがとう!!」と駆け寄り抱っこを代わろうとすると、「シーッ！今寝たばっかりだから」とパパの顔で言われました。1秒でも早く私に会わせてあげたいと、部屋着のまま美容室の最寄り駅まで向かったけど、移動中に泣き疲れて寝てしまったんだそう。

私が美容室に行って得られるものは枝毛のない綺麗な髪だけだと予測していましたが、それは間違いでした。夫はいつも感謝を伝えてくれる人ではありましたが、その日は日頃の育児へ尊敬の眼差しが加わり、ママの何がどうすごいか自分の体験談として語ってくれました。これまで以上に深い感謝を示してくれたのです。

ビジネスに話を戻すと、ある一定の時期までは自分本位で突っ走る突破力が必要ですが、ビジネスの歯車が回りだしたら、仲間がなぜあなたのために動いてくれたか、知る必要があります。それは巻き込む人間力も問われる問いです。メリット・デメリットだけではないところへの想像力が必要になります。子育ては、この想像力を養う機会になると考えています。

自分がなくなるほど忙しくてもう無理……と妻からＬＩＮＥ。俺の代打で夜の会参加してきていいよ、と言うと戸惑ってたが、押し切って用意させた。ママのいないギャン泣きと格闘して寝かしつけに成功。帰ってきた妻は「子育てしてると気分転換はすぐできない。でも溜めずに発散できるとこんなに楽になるのね」

5分で出発しよ〜！　と妻に言うと、「どういう計算!?　子どもたちの嫌がるオムツ替え、出先でのトラブル想像して荷物の再確認、熱中症にならないように各自に水筒持たせて、それぞれ靴履かせて。これで10分や。あんたのTシャツと短パン着て終わりと違うのよ。こういうのは苦手云々ちゃうで。何も考えてないだけ」

妻談　ツイートに書かれている準備には、私自身の身支度は入っていないんです。つまり、すでに自分のことは完了している前提です。「私、まだお化粧してないんだけど」と言えば、今でも夫は「それ何分かかるの?」と聞いてきます。

夫はおそらく、自分の準備完了が出発のタイミングになっているんだと思います。

出かける時に一番やってはいけないのが、一人称で考えて発言することです。もうこれは想像力の欠如としか言えません。小学校のころから、修学旅行だの部活の合宿だのと集団行動してきたのに、結婚後にできない人は意外と多いと思います。

お出かけの時に、自分の身支度とは別に家庭の準備が発生することへの認識が弱いんです。だからこちらが「まだかかる」と言えば、私が要領の悪いやつになってしまう。これは悔しい。だから私は、ただ指示することはやめ、「すごろく感覚で一緒に準備をしよう」と持ち掛けました。

お出かけするための膨大な準備を「休日のお出かけすごろくゲーム」だと思えば、水筒の用意も着替えの準備も子どもの靴を履かせるのも、二人で一緒にコマを進めていくゲームになります。早く出発できないのは、私の責任だけでなく、夫自身の責任だと認識し、行動してもらいたかったんです。

チームワークが大切なゲームだけに、もしも夫がめんどくさがった時には「一回休み」ならぬ「一回黙れ」になります（笑）。役割分担ではなく協力が、ゲームクリアの肝ですね。

先週の一コマ

僕「今日は21時からClubhouse 出なきゃだから。夜の寝かしつけはお願いっ！」

妻「はぁ？ 何かるーく言うてんの。毎晩毎晩。おまえの社会は外だけじゃなくて、家の中にも社会があんの忘れんな」

僕「そんなこと言ったって、これも仕事。まだマシなほうだよ。もっとやってる人いるからね」

妻「へぇーあそ。ほんでどんなテーマなん？ それ聞いて、絵本の読み聞かせより価値あるか判断したるわ」

僕「○×△……について話すよ。というか、なんで読み聞かせと比べられて判断されるんだよ。意味わかんないよ」

妻「え！　ちょいちょい、まだマシ？　もっとやってる人いるって？　あなたが比べ始めたんやで。比べようのないものに比較対象をもってきて、まとまるわけないやろ」

僕「……」

妻「わかった。必要性は感じたから、頑張って！　でも勝手にスタンダードにしないでね。子どもたちもあなたの声を聞きたいの。一生続くリアルハウスはもっと大事やろ」

僕「そりゃそうやな……」

妻談 突然ですが、この投稿でも実践している「勝てる夫婦喧嘩の仕方」を共有します。心理学の勉強など一切したことない、ただのガチンコ喧嘩方法なので、お上品な人は読まなくていいですよ。

①責めたい時には必ず聞きましょう。

話を聞いてもらってから指摘されるのと、聞いてもらう前に責め立てるように指摘されるのとでは、伝わり方の印象が全く違います。聞いてもらってからのほうが、本能的に忖度したくなり、聞く耳を持ってくれると思います。相手の話から矛盾点を沢山見つけられたら、喧嘩はどんどん自分が優位になります。怒りの気持ちは一旦置いといて、必ずたっぷり聞きましょう。

②得た情報を可能な限り整理しましょう。

「思っていること」と「事実」、多くの人はこの二つを混同させて感情に乗せて話しています。頭に二つの箱を置いて、「勝手な思い込みＢＯＸ」と「事実ＢＯＸ」に明確に分けながら、謎解きの精神で聞きましょう。相手は感情が乗っているので、雑な話し方になっている場合が多いです。相手を冷静にさせるためにも、自分が不明瞭に感じた点は何度も質問します。そのうちに、相手も冷静になってくる可能性があるので、とても重要なプロセスです。

③感情のどさくさに紛れた「攻撃」文言には注意して耳を塞ぎましょう。

①、②と聞くことを大切にしてきましたが、次は逆のことをします。これはかなり大切で自分の冷静沈着レベルが上がります。話し合いから言い争いになってしまい、「デブ！　ブス！　バカ！」などの殺戮キーワードが出てきた際は、自分の意思でミュートしましょう。これは他人からの嫌味にも非常に有効です。相手をミュートにできれば、世の中の言葉すべてが口パクになり、ひいてはモザイクすらかかって、「攻撃をしてやろう」という誘いに乗りづらい体質ができあがります。「お子ちゃまは、勝手に盛り上がっときな」という冷めた視点が手に入れば完璧です。

本気の喧嘩は、カッとなったら負けです。北野武さんの映画でも、ピストルを向けるタイミングが絶妙だから魅せるシーンになるのと同じで、売り言葉には乗らず、①〜③のプロセスを踏んで、しっかり自分の主張をすることをお勧めします。

自分が伝える番でも、①〜③に気をつけてください。相手は、拳を振り上げている状況なので、こちらの隙をうかがっていることを忘れないでください。

どうしても難しい時は、Twitterの「妻のパンチライン」アカウントにＤＭをください。場合によっては遠隔で応戦しますよ（笑）。

子どもたちの予防接種どうだった？　と聞かれたので「あぁ、ちゃんと打ったよ」と答えると、妻が「は？　野球のバッターでもそんな返しせぇへんわ。何を何本打って痛そうに泣いたとか、次は何を打つとか大事な情報共有ごっそり抜けてるやん。子どもへの労い方も変わるやん。あんたの感想なんて聞いてへんわ」

「リモート会議終わったら公園に来て」と妻からLINEが。「夕方だしどうせもう帰ってくるでしょ？」と返すと、妻が「あなたが公園に来るだけで、子どもたちはディズニーランドでミッキーと遭遇したみたいに、わぁ〜！　って駆け寄ってくるやん？　たった5分であんなに感動させられるのよ。そんな仕事ある？」

妻談

家族みんなが幸せになれる視点は、妻の中に眠っていることが多いと思います。夫一人では引きだせない価値観だからこそ、あえて言葉にして伝えることを意識しています。

お父さんって家族のシンボルなんです。こんなに無条件に歓迎される大役は、ミッキーマウス以外になかなかいないと思います。

平日の公園にお父さんが登場することは、本人が思っている以上に、子どもにとっては一大イベント。

仕事よりも優先して自分のためにわざわざ来てくれたというのは、承認欲求の大きな満足に繋がります。

そこに気づいていない過小評価のお父さんって多いと思いますし、無意識のうちに諦めてしまっているお母さんも少なくありません。でも私は、妻として夫に子どもの目線からの新しい価値観を吹き込むことは優しさだと思います。結果、お父さんの時間の使い方が変われば子どもたちも嬉しいし、子どもたちに喜んでもらうことで夫も嬉しい。こんなに良いことってないと思います。

休日のお出かけ先でスマホを触ってると、妻が「ねぇスマホ見ないで。子どもたちのかわいい様子を見てるあなたが好きなのよ。目を細めるたびに、私の子育てはこれで良かったって自信に繋がるの。直接的な褒め言葉よりずっと芯から幸せになれる。私たちが笑うと子どもの好奇心は燃える。良いことばかりよ」

3

妻パン相談室

相談 1

アラフォーの女です。

モラハラ男の影響（家族ぐるみでの精神攻撃、金品の要求など）で男性不信になり、気づけばこの年になりました。年数も経ち落ち着いてきたので、婚活（アプリやパーティ）をしているのですが、うまくいきません。結婚も子どもも諦めたくありません。私に活を入れてくれませんか。

妻のお返事

相談者さんは、勇気と行動力がある人だとお見受けします。モラハラは輝いている人に寄ってくると言います。だからきっと魅力的でもあるんでしょう。

モラハラは、相手が自分には絶対に手に入れられないものを持っていると、嫉妬心やジレンマから相手に意地悪をしたくなってやってしまう。とても幼稚な人のすることで「人生の当たり屋」です。

これからも死ぬ気で避けてください。

婚活は、なんのトラウマもない人もそう簡単にうまくいくものではありません。それに年齢にかかわらず、結婚も子どもも諦める必要はないと思います。自分で産んだ子どもしか子どもと認められないのなら、それはリミットを切りすぎてしまいます。いろんな形で親代わりになる機会は世の中にあります。そして結婚については死ぬ日まで機会があるかもしれません。

持ち前の行動力と魅力で、短期決戦として自分の思い描く「幸せな結婚」に焦点を置きつつ、「幸せな人生」に視野を広げる思考癖をつけてください。結婚に躍起になっているより、人生の生きる意味をたくさん語れるほうがより魅力は増します。応援しています！

相談2

主人が今の仕事を辞めて、留学したいと言っています。

医療関係者であるため、帰国後は今の年収を必ず死守すると言ってくれています。

子どもは乳児と幼児の二人で、私も正社員で働いています。おそらく自分たちの生活費はなんとかなると思います……。ただ、1〜2年も父がいない生活で、子どもは大丈夫なのかなと不安です。

自身のキャリアのためにも、行かせてあげたいとは思いますが、もし妻さんでしたらどうされますか。こんなことを質問してしまってすみません。

妻のお返事

結論から申し上げて、行かせてあげます。「あげる」というのがポイントです。こんなご時世では自分一人で生活するだけでも大変なのに、なんで今なんでしょう。毎日のこととなると他人《ひと》事《ごと》とは思えません。

こんなことを質問して、なんて言わないでくださいね、痛いほどわかります。でも、これが相談者さんの夫の夢なら仕方ないです。夢は叶えるためにあります。そして一人ではできない。

だから独身で留学するよりも心の土台がある中でチャレンジするのですから、大きく学びがあり、今後たくさんの方を幸せに導くと思います。その覚悟は確認の上、行っていただきましょう。

ただ、離れていても精神面で子育てに関わることはできます。

私なら、月に一度くらい子どもたちにお手紙を書いてもらい、難しい仕事でもできるだけ理解できるように仕事内容をレポートしてもらいたいです。どんな偉人でも子ども向けの伝記はあるので、相談者さんの夫も必ずできます。おむつ一つ替えられないのですから、そのくらいは毎月してもらいます。

そして、相談者さんは夫のブランドづくりをこれまで以上に意識してください。おいしい料理ができればパパと一緒に食べたいね。パパはとってもかっこいい人、人のためになれる人、ママの大好きな人。これは日々呟いてもらいたいです。子どもが半径２ｍ以内にいる時に夫の愚痴は厳禁です。

でも手は抜いてください。

ここは選択と集中です。子どもがニッコリ笑っていれば、家事は、満点です。綺麗な部屋である必要はありません。片付いていないことに罪悪感を持たないプロ意識を持ってください。人生で一番汚い部屋に住むぞ！　くらいでいいのです。そして、預けられるサービスがあって利用できそうでしたら行政のやっているものでも何でも利用してリフレッシュも忘れずになさってください。

私は心から応援しています。

妻「ちゃんとごちそうさまって言うて。一日にありがとうの気持ちが少なくなると嫉妬するの。嫉妬する人は先ばかり見て目の前の幸せ逃してるから。もし病気になって助けてもらったら、あの人は元気だからと嫉妬する？　感謝するよね。目の前のことに向き合うとそうなるの。食事も幸せとの向き合いなんだよ」

相談3

3年付き合っている彼氏がいます。

コロナ前は、土日ほとんど一緒にいてLINEも毎日していました。愛されてるなと感じることが多かったです。

しかしコロナが始まりリモートワークになってから、彼氏はオンラインゲームにハマってしまい、連絡が返ってこない、デートに遅刻するなど、生活がだらしなくなりました。今ではゲーム中心で、私を邪魔者扱いしています。

一番ショックだったのはゲーム仲間のオフ会には有休を取ってまで行っていたのに、私との約束は当日の集合時間にドタキャンされたことです。

別れるべきだと思うのですが、昔の彼を思い出すとまだやり直せるのでは、と変な期待を持ってしまいます。

妻さんならどう考え行動しますか？

妻のお返事

私の知ってる彼じゃなくなっていく姿って、とても辛いですね。素敵な所がいっぱいあるのはわかっているけど、邪魔者扱いされたり約束を守ってくれないのは、みじめで辛いです。

これは私の想像ですが、コロナ前までは、出勤して仕事される日とお休みの日にメリハリがあったんだと思います。有効的に使わないとリフレッシュできないから、お休みの日もわりと計画性を持って行動なさっていたのかなと。

相談者さんも、彼のスケジュールに計画性や透明性があるから信頼できたし、言ったことは守る姿勢から大切にされていると感じていらっしゃったのではないかと思います。そういう関係性だからこそ、相談者さんも居心地が良かったのではないでしょうか。

相談者さんの真意としては、何かのきっかけで彼が前のように戻るなら信じて待ってあげたいと、そういう優しいお気持ちもあるかもしれません。しかし前のような姿を彼の本当の姿のように感じつづけるのは、かなりしんどいですね。

生活習慣の変化に限らず、病気を患ったり事故で怪我したりと、何かのきっかけで、人は自暴自棄になったり鬱状態になったりします。過去の自分に戻ることが良い状態だと信じすぎていると、それは案外、自分も相手も辛いかもしれません。

人は、本来の姿など誰も持っていなくて、どんな人もどんな時も本当の姿だと思うんです。だからといって、元々悪い人間だったと言いたいのではなく、自分でも気がつかないストレスの膿をだす時期に、相談者さんはそばにいる人として彼と知り合ってしまったということだと思います。

自分の見たい彼の姿、つまり理想像は誰しもあり、それからあまりに遠ざかると、この人は大丈夫か？　こんな人を私は受け入れられるか？　と悩みます。

今回のことで悩むのはかなりしんどいと思いますが、悩む過程としては正しくて、相談者さんのように立ち止まらなければ、前に進むことはできません。そういう意味ではとても良い段階でご相談くださったと思います。

結論を言いますが、添い遂げなければいけない理由も後ろめたさもないなら、一度別れてもいいと思います。

心の膿をだすような奔放な生活で、それに対して悪びれることもない彼を信じられないのでしたら、一旦距離を取るのも一つです。ゲームに夢中になったり特定の誰かに依存的になったりして、彼自身、隠れた心の叫びに気がついていないだけで、彼もどこかでしんどくなっているとは思います。

だからといって、どうしちゃったの？　と真正面から向き合えば良い答えがでるとも限りません。やられて嫌なことは嫌なんですよ。こっちは幸せに人生過ごしたいんですから。

お互いに失ってから、ふとした心の余裕ができた時間に自分の本心に触れることだってあります。感情の渦中ではなかなかわからない、時間差で見えてくる自分を大切にしたい気持ち、それを育てることも「一旦別れる」からできます。マイナスばかりではありません。

まずは、ご自分の感情を優先して抱きしめてあげてください。信じてあげたかった気持ち、みじめな気持ち、寂しかったあの時、その上でそっと彼から離れましょう。

相談者さんは、優しくてすごく丁寧な方だと思います。人との別れは勇気がいりますが、ご自分の魅力が引き出せる環境づくり、これは人生を豊かにします。

私はこういうまっすぐな方、応援したくてたまらないので、心から応援しています。

結婚は早いほうがいいですか？　と聞く後輩に、妻は「結婚は良いもんやけど、キャリアも時間もお金もまずは自分を優先してほしい。自己愛のレパートリーとして他己愛も育つもんやから。自己愛不足はリバウンドするのよ。育った環境なり仕事猛進なりで満たされてないと、結婚相手の自己愛を奪いかねないの」

相談4

いつかは結婚もしたいし、子どもも欲しいと思いつつ、もしかしたら今付き合っている人の他にもっと良い人がいるかもしれないと思うと、結婚相手をなかなか選べません。
どうしたらいいのか、妻さんのご意見を聞かせてください。

妻のお返事

そうですね、どうしたらいいんでしょう。恋愛するとみんなが一度は思うことですよね。相談者さんが特別ってこともないと思います。

人間は、「より良い子孫を残す」という役目が潜在的に遺伝子に組み込まれています。だから仕方ないんです。極めて健全で良い思考だと思います。

ですが、結論から言うと、ショックかもしれませんが、今付き合っている人よりも良い人は必ずいます。比較で人を判断すると永遠に〝どこかにいる良い人の亡霊〟に取り憑かれます。より良い人を探したいという遺伝子に沿って行動しているとそうなります。でもそもそも、良い人とは、どんな考えや夢でできているものでしょうか？

良い人がどんなにぼんやりとした価値観かわかりやすい例をあげてみましょう。たとえばちいさな子どもに「良い子にしていなさい」とだけ言って放置して、そのようにできた子を見たことはありません。

子どもは純粋なので「良い子にしていなさい」と言われれば、親の顔色をうかがいだし、やがて疑心暗鬼になります。良い子なんてことは、相手任せな判断だということがわかります。知識や教養が未熟な子どもにはその判断ができません。

つまり自分にとって良い子や良い人とはどんな人かを考える際に、自分の基準がなければ、「良い人」というのは実体のない亡霊と同じなんです。だから、比較でしか存在しない人物を追うことになります。良い人は時代によっても変わるし、良くも悪くも先入観でできているからです。

「世間一般から見てあなたって良い人だから結婚したい」って言われたらどうでしょう。失礼すぎませんか？　私を見ていないの？　と憤りを感じませんか？

自分の基準を持つためにはまず、自分がどんな人かを知ってください。自分を探さないで、今のままでいいんです。あるがままの自分を受け入れて自分のカタチを知ると、合うものが何かわかりやすくなるかもしれません。良い人とは自分の中に潜んでいるものだと私は思います。

妻「パートナーを探す時、好きなタイプ探すやろ？　顔、スタイル、職業……好きな人って皆似るのよ。でも長くいるパートナーには、愛してくれる人を選んだほうがいい。愛されるために頑張るんじゃないで。逆で、自然体でいることやの。パズルみたいに合う人見つけたいなら、自分のピースの形を偽ったらあかん」

相談5

30代後半の男性です。子どもが3人いて、妻とともに子育てをしていますが、子どもたちの母親に対する信頼感は絶大で、母親第一主義で父親である自分が仲間はずれになっているように感じます。一緒にいる時間の差や取り組む姿勢の違いが原因なのでしょうか？

妻のお返事

大人以上に子どものほうが本物志向なんです。

たとえば、赤ちゃんの前におもちゃのケータイと本物の iPhone を並べて、iPhone を取らなかった赤ちゃんを私は見たことがありません。それは周りの大人たちが普段、iPhone にどのように接しているか、母を通じて赤ちゃんに刷り込まれてるから。どちらが本物かなんて、お見通しです。

相談者さんはおそらく、子育てをご自身なりに一生懸命やっていらっしゃるとは思うのですが、もしかしたら表面的になってしまっている部分もあるのではないでしょうか。

もしも相談者さんが仲間はずれになっていると感じているなら、奥様やお子様とのやりとりの時に、意識的に極めて温かく返事をしてみてください。これを、全員に３日間は続けてください。自分への返答よりも他人にどう返答してるかのほうが、思いのほか人は見ていると思います。

繰り返しますが、あなたの愛が本物であることを短期間で伝えたいなら、極めて温かく対話することです。きっとあなたにも本物が手に入ると思います。

相談 6

結婚願望はありますが、婚活アプリで探すのはなんとなくプライドのような気持ちがあって前向きになれず、自然に出会えないかなと期待してしまいます。
それに、結婚したら自由がなくなりそうという不安もあり、なかなか本気になれません。

妻のお返事

傲慢にならず人を見下さなければ、プライドは高ければ高いほど良いと思っています。私はプライドが高い人、大好きですよ。相談者さんが婚活アプリを使えないのは、プライドが高いからではなく、カラーが違うんだと思います。自分の中にない色の集団に見えてしまってるのかもしれません。別にイイんじゃないでしょうか。冷やかしの好奇心すら芽生えない場所には行かなくてもＯＫです。

これもまた世間と違う見方なのかもしれませんが、私は結婚すると圧倒的に自由が増えると思います。相談者さんの考える自由とは、開放的な青空のようなイメージでしょうか。それならその自由は独身のほうがあります。しかし私は、自由とは選択だと思います。無制限の中には存在しないものです。制限があるから自由が貴重になり、自由の高低差ができます。

たとえば外食をする時、美食家で食の話の分かるあの人と、美味しいワインと、日本食材を使ったフレンチで、恵比寿で、犬がいるから22時には帰宅、と条件がたくさんあると選択が複雑になり、だからこそ自由を獲得した満足度は高くなるはず。一人でも寂しくもないし、自由をずっと感じられると思います。

ただよほど仕事が忙しい人や、何か趣味にハマらない限り、そんな独りぼっちの自由にはいつか飽きます。相談者さんは、多分自分に飽きてませんか？　だから結婚したら、何かが広がるのではないかと期待があるのです。だとしたら結婚に向いてる人じゃないかなと思いますよ。

結婚するといろんなミッションや条件が増えます。その中で、自由をやりくりするゲーム的な楽しさが結婚にはあると思います。結婚は、楽しいですよ！

泣いてる赤ちゃんに、どうしたの？　って声をかけてると、妻が

「イラッとすんなぁ。赤ちゃんがいきなり〝こう、こう、こうですねん〟とか喋ると思うか？　あなたが想像して〝こうだよね〟って気持ちの代弁をするの。何も考えずに、どうした？　どうした？　って聞きまくるのは、寄り添ってるようで責めてるだけやで」

やっと自粛モード明けてきたね、と街に繰り出そうとすると、妻が「たった3か月のステイホームでしんどい顔してるけど、これ主婦の日常だからね。ママは職住近接ちゃう、職住一致や。移動できないって満員電車乗るより地味でしんどいやろ？　久しぶりに人と会えるありがたみの前に、日常にも感謝してな」

おわりに

私は、３人姉妹、女子校出身、美大卒、アパレル勤務と女性比率の高い世界で生きてきて、いい歳まで男性を敬うという思考が形成されずに大人になりました。会社でお茶出しをしたりいただきもののお菓子を配ったり、彼氏の部屋の掃除をするなどといった女性専用雑務に違和感は覚えていたものの、声を荒らげて従いたくないほどの断固拒否でもなく、喜んでもらえるのならいいか、くらいに流してきました。

ですが、２０１４年の長女出産を契機に、自分が何となく受け入れてきた行動に疑問を覚えるようになりました。私の体感した陣痛は、映画「ブラックホーク・ダウン」での麻酔なしに足の切断手術が行われるシーンを彷彿させるほど、大量の冷や汗が出る終わりのない戦いでした（陣痛には、個人差もありますし無痛分娩などで緩和もできます）。

17時間後、無事に娩出した私は、この難産は私だけの悲劇なのかと助産師さんに尋ねました。するとあっさり「ごく平均的な分娩時間です」と、良かったねとばかりにニッコリ言われ、こんなことが７００万年前の猿人時代から紡がれているのかと、壮大な感動と敬意に包まれました。

可愛くて美しい赤ちゃんとは対照的に、私は後陣痛とお尻のヒリヒリを受けとめながら、歴史的に女性が男性と平等でなかった時間があまりに長いことを思い返し、義憤を感じずにはいられませんでした。こんな偉業を任されておきながら、男女平等すら世界中でままならないなんておかしいやろ！　と、壮大なツッコミを入れました。

この、目に見えぬ弾圧にどう対抗してやろうかと革命家のように燃えましたが、ちっぽけな私はまず家庭から認識を変えることにしよっと、相殺しました。

その施策の一つ目として、最初におむつの替え方を助産師さんに教わることを、魚が初めて陸に上がる進化の時のように家庭の進化の一歩と捉え、夫と二人で一緒に教わりました。できる限り赤ちゃんのお世話の基本スキルについて、夫婦で差異のないようにしたかったんです。

女性が授乳したり、男性が重いものを運搬するというように、身体的特徴を踏まえて担うものは担当制、それ以外は自由に役割を再考し、「物や仕事に色をつけてるのは自分」と己の元来の感覚すら注意深く疑い、私がやらなければ回らないという思考を排除して家庭運営をしてきました。

そうすることでかえって、家庭内にも仕事にも通じる考え方があることに気がつき、夫が家事をしていれば勝手に仕事の作業効率やアイデア力も相乗的に伸びるのではないかという錯覚すら覚えました。ピンチをチャンスに変えるほどの学びは家事・子育てにはありませんが、ピンチの時、相対性理論のように時間を引き延ばして冷静に対処する力は養えると確信しています。

幸いにも、うちの夫は最初からできた人ではなかったし、私もよくできた妻でも母でもありませんでした。だからこそ私たちは家庭の役割を再考し続ける過程で、ラップバトルにも似た夫婦の生々しい説得の仕合いが生まれたのだと思います。

かっこ悪い使えない夫は最高です。そして、使えない妻もやっぱり最高だと自画自賛しています。

この本が、全国数千万の家庭で日夜行われる愛のラップバトルで、パンチラインが飛び交う微笑ましい日常の一助になれば嬉しいです。

ブックデザイン　minna
撮影　大山 克明
DTP　美創

妻のパンチライン
2021年11月10日　第1刷発行

著　者　@wifeisking
発行人　見城 徹
編集人　菊地 朱雅子
編集者　黒川 美聡

発行所　株式会社 幻冬舎
〒151-0051 東京都渋谷区千駄ヶ谷4-9-7
電話　03(5411)6211(編集)
03(5411)6222(営業)
振替　00120-8-767643
印刷・製本所　中央精版印刷株式会社

検印廃止

Printed in Japan
ISBN978-4-344-03797-7　C0095

幻冬舎ホームページアドレス　https://www.gentosha.co.jp/

この本に関するご意見・ご感想をメールでお寄せいただく場合は、
comment@gentosha.co.jp まで。